LE
SOCIALISME

PAR

J. BRAC DE LA PERRIÈRE

Licencié en droit.

PARIS
ÉDOUARD BALTENWECK, ÉDITEUR
7, RUE HONORÉ-CHEVALIER, 7

1880

LE SOCIALISME

Coulommiers. — Typographie P. BRODARD.

LE SOCIALISME

PAR

J. BRAC DE LA PERRIÈRE

Licencié en droit.

PARIS

ÉDOUARD BALTENWECK, ÉDITEUR

7, RUE HONORÉ-CHEVALIER, 7

1880

LE

SOCIALISME

I

Y A-T-IL UNE QUESTION SOCIALE?

Des hommes d'une haute situation politique [1] ont éclaré solennellement à plusieurs reprises qu'*il 'y a point de question sociale.*

Cette affirmation, opportune sans doute pour cer- ins politiques, est contredite par les hommes et ar les faits. L'ex-dictateur de Bordeaux s'est vu émenti de la manière la plus formelle et la plus ıdignée par ceux mêmes qui la posent, la ques- on sociale. « Il s'est trouvé un homme, lui fut-il ëpondu, qui a dit qu'il n'y a point de question ɔciale. D'où vient cet homme? d'où sort-il ? com- ıent a-t-il pu émettre une pareille affirmation? La

1. M. Thiers, Testament politique; M. Gambetta, Discours; . de Marcère, Discours du 24 novembre 1877.

question sociale, nous l'avons mise au jour en 1848, et bien qu'étouffée par les classes dirigeantes, elle renaît aujourd'hui avec une évidence irrésistible [1]. » D'autres, non moins étonnés d'une déclaration aussi formellement répétée, vont jusqu'à douter de la sincérité des paroles prononcées par l'hôte du palais Bourbon [2].

La déclaration de Saint-Quentin d'opportune qu'elle était il y a peu d'années dans la bouche du député de Belleville, après les attentats commis en l'an de grâce 1878 par des socialistes contre les souverains d'Espagne, d'Italie, d'Allemagne, de Russie, est sans doute devenue inopportune, et le monarque qui du palais Bourbon décide du sort des ministres se garderait vraisemblablement de la répéter. Les faits parlent trop haut, le socialisme se découvre trop ouvertement, les gouvernements étrangers inquiets prennent des mesures trop effectives pour qu'une négation aussi radicale puisse se produire en face de ceux qui reven-

1. Discours prononcé le 27 septembre 1876 à Villeurbanne (Rhône), sous la présidence de MM. Raspail, Ordinaire, Guyot (*Français*, 25 septembre 1876).

2. Dans une réunion tenue le 26 janvier 1879, le citoyen Pruvost, faisant allusion à une phrase prononcée par le citoyen Delambre, demande *si M. Gambetta, à qui l'on attribue ce mot, croit qu'il n'y ait pas de question sociale.* Le citoyen Delambre répond que ces questions étant de mauvais goût dans un certain monde M. Gambetta, à qui l'on reproche sa queue, *peut avoir intérêt à méconnaître ces questions* (*Prolétaire*, 22 février 1879).

diquent la liquidation sociale comme en présence de ceux qui la redoutent. L'opinion de politiciens que ne guident que des intérêts momentanés et des considérations personnelles a d'ailleurs peu de valeur en elle-même; il est facile de lui opposer une opinion adverse et également républicaine [1]. Mises en présence de faits positifs, les affirmations radicales des leaders de la gauche n'ont d'autre valeur que de nous éclairer sur leur propre sin-

1. Rapport de M. Léon Renault, préfet de police, sur les menées bonapartistes (1874) :

« Le parti de la révolution sociale et cosmopolite, je vous l'ai déjà dit, je tiens à vous le répéter, a aussi sa direction, ses ordres, sa propagande.

« Si j'avais à vous entretenir de ce *péril, considérable* à mes yeux, je ferais mon devoir en éclairant l'Assemblée sans réserve et en parlant en toute sincérité, comme je viens de le faire devant vous.

« Je lui montrerais que le parti révolutionnaire va prendre son mot d'ordre à Genève, à Londres, à Bruxelles; que le parti révolutionnaire a ses correspondances avec Nouméa; que, dans le parti socialiste et radical, il y a :

« Une direction,

« Des agents en tournée,

« Des correspondants. »

M. de Broglie, discours du 23 mai 1878 :

« Le parti radical est avant tout un parti social. Aux yeux de ce parti il y a encore à accomplir de profondes réformes, presque une révolution sociale. C'est par conséquent un parti, qui menace la société actuelle dans ses bases pour les refondre, sinon pour les détruire. »

Citant ces paroles d'un ministre conservateur la *Révolution française*, dans son 1er n°, ajoute : « Les paroles de l'orateur de la droite sont vraies, au moins pour les républicains sincères et logiques. Ceux-là sont en effet et doivent être un parti social. »

cérité ou leur peu de clairvoyance. La question sociale existe du moment qu'il y a des hommes pour la poser; le péril est réel dès qu'il y a un parti pour lancer des menaces et déclarer la guerre ouverte aux institutions sociales; l'opinion des hommes politiques n'y peut rien changer. Il suffit d'écouter et de lire pour se convaincre de la réalité des menaces et des invectives lancées contre l'ordre social. « Il y a bien une question sociale à résoudre, écrit une feuille répandue à Paris; elle s'impose à l'esprit de tous ceux qui voient dans la souveraineté du peuple autre chose qu'un marchepied à l'usage des ambitieux, dans le suffrage universel autre chose encore qu'un ingénieux moyen de rendre l'opprimé le propre artisan de son oppression et de sa servitude [1]. » La question sociale se trouve posée chaque jour par une presse nombreuse [2]; des orateurs la prêchent; elle est devenue la foi politique d'un parti puissant. Le socialisme n'est plus une utopie, un rêve, un roman; c'est une doctrine politique, sociale, religieuse; économique, acceptée par un parti nombreux qui en poursuit la réalisation avec ardeur.

1. *Révolution française*, 12 février 1879.

2. Voir à Paris : *la Révolution française, le Voltaire, le Prolétaire, la République démocratique et sociale, le Frondeur, la Lanterne;* — en province : *La Commune libre de Montpellier, le Républicain de Duportal, l'Egalité de Marseille, l'Ami du peuple de Liège.*

Ce parti s'est fait l'héritier des passions anarchiques et révolutionnaires, et le défi que Proudhon jetait en 1848 à M. Thiers : « Avez-vous tué le socialisme..... A quand la fin du socialisme? » il le jette à la face des gouvernements qui cherchent à se protéger de ses atteintes par des mesures de répression [1].

Nous disons donc, avec M. Dejace [2] : Il y a une

1. *Revue générale*, août 1878.

2. Journal *le Voltaire*, 24 décembre 1878 :

« M. de Bismarck a entrepris contre le socialisme une campagne semblable à celle qu'il a poursuivie pendant plusieurs années contre l'ultramontanisme. Seulement, la campagne contre le socialisme est menée avec plus d'entrain, de vigueur et d'arbitraire.

« En commençant contre le socialisme cette proscription dont les dépêches d'outre-Rhin nous apportent chaque jour quelque nouvel épisode, il a pu penser qu'il aurait assez facilement raison du parti contre lequel il guerroie, parce que ce parti ne pouvait lui opposer un homme, c'est-à-dire un homme de sa trempe et de sa valeur et qui, même avec une intelligence et une habileté égales, ne disposerait point de la puissance que possède le grand-chancelier.

« Il est possible que, parmi les chefs ou représentants du parti socialiste en Allemagne, il n'y ait pas un homme qui puisse être considéré par M. de Bismarck comme un rival sérieux ou redoutable. Il est possible même que ce parti socialiste, malgré ses apparences d'organisation, n'ait point la capacité nécessaire pour résister victorieusement. Mais si les hommes et le parti même sont insuffisants, il y a un adversaire que M. de Bismarck, pas plus que tout autre ministre et tout autre monarque, ne peut vaincre, ni faire disparaître par la proscription. Cet adversaire-là, c'est le paupérisme, ou si on le veut la misère, qui reforme chaque jour l'armée du socialisme, qu'on croit décimer avec des persécutions.

« Si M. de Bismarck et tous les hommes de gouvernement

conspiration socialiste; le foyer des haines sociales, loin d'être un cratère éteint, est comme un volcan qui nous menace toujours de la lave révolutionnaire. La conspiration socialiste vit aux flancs de la société, et elle manifeste sa vitalité jusqu'aux limites les plus reculées du monde européen. Il ne s'agit pas de réformes, de perfectionnements, d'abus à faire disparaître, de progrès à réaliser, de libertés à établir : c'est la société même dans son organisation, dans sa vie, dans ses éléments

que le socialisme effraye veulent en finir avec lui, qu'ils commencent d'abord par supprimer le paupérisme, qu'ils trouvent le moyen de distribuer plus équitablement la richesse et de répartir plus également les charges publiques. C'est là un moyen plus efficace et plus sûr que la persécution.

« Pauvres hommes d'État qui veulent empêcher les effets et ne savent point empêcher la cause! Comme on pourrait rire de leurs prétentions, si elles ne produisaient tant de deuils, de souffrances et de ruines! Comme on pourrait mettre en opérette cette majestueuse vanité des Sganarelle et des Thomas Diafoirus de la politique, si elle n'avait pour résultat de provoquer le terrible dénouement du drame des révolutions.

« Avant M. de Bismarck et l'empereur Guillaume, un autre monarque s'effraya de voir ses sujets se soustraire à ses lois et aller chercher au delà des mers une autre patrie et une société nouvelle ou meilleure. Ce roi s'appelait Jacques Ier d'Angleterre. Il interdit royalement l'émigration et ordonna le débarquement de plusieurs vaisseaux qui allaient partir et porter les émigrants sur les côtes du nouveau monde. Parmi ces émigrants que retint en Angleterre la volonté royale, se trouvait le brasseur Cromwell.

« C'est là un souvenir que M. de Bismarck, qui sait l'histoire, devrait parfois se rappeler.

« HENRI FORCADE. »

constitutifs, dans son droit moderne, qui se trouve menacée ; c'est contre elle qu'on conspire ; c'est sa destruction, sa ruine, son anéantissement, sa liquidation que l'on poursuit. Le socialisme veut balayer la société européenne comme Mahomet a balayé la civilisation romaine en Espagne et en Afrique, comme les Turcs ont balayé la civilisation gréco-latine, pour ériger sur ses décombres accumulés et ses ruines sanglantes, un monde nouveau, une vie nouvelle, un droit nouveau. Ce que le socialisme veut, ce n'est pas une révolution politique comme celle de 89 ou celles qui ont suivi ; c'est une civilisation différente de la nôtre, basée sur la ruine du passé; c'est une conquête. L'établissement des Sarrasins dans les pays latins, la domination des Turcs sur le Bas-Empire, l'assujettissement d'un peuple civilisé par une horde barbare donnent à peine l'idée du genre de révolution que ce parti attend.

II

QUELLE EST LA FORCE DU PARTI SOCIALISTE ?

Les hommes qui veulent cette révolution fondamentale, gigantesque, il faut connaître leur force. A voir leurs projets, on les croirait volontiers une horde d'écervelés lancés par quelque fanatique à l'assaut de l'ordre social. La réalité, c'est que c'est un parti nombreux, puissant, organisé. Nous verrons plus tard ses programmes, son origine, son histoire; pour se pénétrer de l'importance de la question, il faut d'abord connaître sa force.

A l'heure actuelle, tous les programmes, toutes les doctrines, toutes les écoles socialistes qui depuis le commencement du siècle ont successivement apparu sous les noms de communisme, collectivisme, socialisme, nihilisme..... se trouvent condensés, unifiés, englobés dans une vaste association, connue sous le nom d'*Internationale.* Pour les chefs du parti, l'Internationale est la *personnification*, l'*incarnation vivante* et *agissante* du socialisme [1].

Née à Londres en 1862, l'Internationale se développa en France d'une manière active vers 1867 ; il

« 1. L'*Internationale*, cette grande personnification du socialisme agissant, vivant, en qui se sont absorbées toutes les manifestations du socialisme théorique. » (B. Malon, *Ecoles socialistes françaises*, p. 286.)

Au congrès de Bâle, l'*Internationale* déclare que « la société a le droit d'abolir la propriété individuelle du sol et de faire rentrer le sol à la communauté. « (Testut, *Internationale*.) C'est entrer à pleines voiles dans le socialisme.

« L'*Internationale,* dit la *Princeton Revue* (janvier 1879), harmonise, unifie, et même a un but commun, le socialisme, le communisme et le nihilisme. »

Les nombreuses pièces recueillies par M. O. Testut sur l'*Internationale* font voir comment cette association s'est peu à peu assimilée toutes les idées socialistes pour devenir le lien de tous les socialistes et leur centre.

« Dans l'une des sections de l'*Internationale* de Londres, la déclaration suivante fut faite en 1871 : « L'Association Internationale est une société républicaine démocratique, sociale et universelle, partageant les principes, le but et les moyens proclamés par la Commune révolutionnaire de Paris dans ses manifestes. » (Testut, p. 18.)

Au congrès de Bruxelles (septembre 1874) l'*Internationale* adressa à toutes les associations ouvrières un manifeste contenant ceci :

« L'*Internationale* dans tous les pays déclara solennellement qu'elle se rendait solidaire des actes de la Commune, et ses sections accueillirent les réfugiés comme des frères. Dans cette époque de déchéance morale, ce fut l'honneur de l'*Internationale* d'avoir compris la révolution du 18 mars et de s'en être rendue solidaire. L'*idée socialiste* a désormais reçu une consécration pratique d'une portée historique immense ; et, en face de la bourgeoisie triomphante, notre cri de ralliement reste celui que poussèrent les ouvriers parisiens en 1871 : Vive la Commune ! »

y avait à cette date des comités dans 25 des principaux centres industriels [1]. A la fin de 1868, l'organe officiel du parti en Allemagne, le *Vorbote*, évaluait à 50,000 l'accroissement des sociétaires dans les deux derniers mois. De 1869 à 1870, l'Internationale se servit habilement pour les exploiter à son profit de deux hommes : Rochefort et Raspail ; et de trois événements : la grève du Creuzot, la mort de Victor Noir, le Plébiscite. En 1870, les forces du socialisme français, condensées dans l'Internationale, étaient puissantes ; le nombre des adhérents avoués étaient de 200 000 [2]. Quatre grandes fédérations dirigées par des chefs s'étaient divisées le territoire français : le Russe Bakounine commandait les sections de Lyon, Aubry présidait celles de Rouen, Bastelica gouvernait celles de Marseille, qui à elle seule comprenait 27 sections, Paris était le centre de la 4e fédération. A côté des chefs se trouvaient en sous-ordre le Prussien Paul Laforge, gendre de Karl Marx, le grand chef de l'Internationale, Félix Pyat, Mégy, Marchand, Cluseret... Sentant le pouvoir impérial décliner, le parti se préparait à une grande action ; le socialisme tenait prête son armée révolutionnaire pour confisquer le pouvoir

1. Paris, Caen, Lyon, Bordeaux, Vienne, Neuville, Pantin, Saint-Ouen, Puteaux, Neufchâteau, Lisieux, Condé, Hacourt-Thierry, Granville, Argentan, Castelnaudary, Auch, Orléans, Nantes, Villefranche, Marseille, Funeau, Le Havre.

2. Fribourg, *Enquête parlementaire 18 mars*, t. II, p. 574.

à son profit et opérer la liquidation. Le jour opportun semblait ne pouvoir tarder : « Ce jour-là à nous ou le néant, écrivait Cluseret, ce jour Paris sera à nous ou Paris n'existera plus ; ce sera le moment décisif pour l'avènement du peuple [1]. »

Les socialistes se trouvèrent-ils surpris par la rapidité des événements, désorganisés par l'armement de la France ou joués par leurs alliés de la veille? le fait est que la révolution, que l'on se préparait à faire sociale, ne fut que politique. M. Gambetta devint millionnaire, mais il n'y eut point de liquidation sociale. L'attente des socialistes était trompée, les procès-verbaux des sections pendant le siège de Paris l'attestent, on y trouve cette déclaration : « Les travailleurs devaient s'emparer du pouvoir le 4 septembre, il faut le faire aujourd'hui... Le manifeste de la société doit soutenir nettement la liquidation sociale [2]. » Le 31 octobre échoua, mais le 18 mars réussit. A peine la Commune est-elle proclamée que cinquante journaux socialistes de province la soutiennent, et quand elle est vaincue, les sections de l'Internationale se déclarent toutes tour à tour solidaires des doctrines au nom desquelles elle a été proclamée.

La défaite de 1871 et la loi contre l'Internatio-

1. O. Testut, t. I, p. 63,64.

2. *Enquête parlementaire 18 mars*, t. III, p. 218 : pièces isies au Comité de l'*Internationale*.

nale désorganisèrent quelque peu le parti socialiste, mais on trouva bientôt le moyen de tourner la loi, comme le déclarait naguère M. Léon Renault : les sections sont reconstituées, elles reçoivent une direction, elles possèdent des agents, des correspondants [1]. En France, le mot d'ordre du socialisme est de grouper les ouvriers par syndicats corporatifs [2]. « Tous les efforts du prolétariat, écrit la *Révolution française*, doivent tendre à s'instruire, à se grouper, à développer l'élément syndical. C'est la clef de l'avenir... les impatients se demandent à quoi jusqu'alors ont abouti les syndicats et ce qu'ils ont produit; sans doute ils auraient pu donner des résultats bien supérieurs; mais ce n'est point le vice de l'institution qu'il convient d'attaquer... La cause du mal, elle est tout entière dans l'indifférence des travailleurs, qui ne se sont pas du premier coup rendu compte de la puissance de ce groupement *et du parti qu'on en pourrait tirer pour organiser l'avenir* [3]. » Le parti que le socialisme compte tirer au jour opportun des syndicats se trouve encore plus nettement exprimé par le même organe : ils doivent « pré-

1. Voy. note 1, page 3.
2. « L'expérience du passé semble prouver que le plus sûr moyen pour devenir une puissance redoutable est de grouper les travailleurs par corporation. » (Discours de Lévy à l'*Internationale*, 19 janvier 1871 : *Enquête parlementaire*, t. III, p. 18.)
3. *Révolution française*, 1er mars 1879.

parer les éléments organiques de la vaste fédération du travail, qui seule a qualité et puissance pour inaugurer la révolution sociale [1]. » On ne peut dire plus clairement les choses; la tactique est savante et habile. On groupe les ouvriers par élément corporatif; on a soin de donner la direction et la haute main dans les syndicats à des socialistes éprouvés, dociles aux ordres des chefs. Dans le syndicat même, on évite d'arborer trop haut le drapeau socialiste; on se contente de parler d'intérêts communs, de fortifier les liens, d'assouplir les volontés, d'habituer les membres à la discipline et à l'obéissance; ce sont des troupes qu'on enrôle pour une certaine partie à leur insu. On laisse les plus ardents et les initiés déclamer contre l'ordre social, le représenter comme l'auteur de tous les maux; on fait pénétrer peu à peu la doctrine dans les esprits, et le jour où une occasion se présentera on prétend bien qu'à un mot d'ordre venu de New-York les syndicats marcheront comme une armée disciplinée à l'assaut de l'ordre social. Les uns par conviction, les autres par entraînement, les derniers par peur, arboreront le drapeau socialiste et marcheront sous la conduite des chefs qu'on les habitue à respecter et à écouter comme les représentants de leurs intérêts.

1. *Révolution française*, 16 février 1879.

Les syndicats ne font d'ailleurs aucun mystère de leur attachement aux doctrines socialistes; plusieurs soutiennent ouvertement de leurs fonds les organes socialistes les plus avancés, comme le *Prolétaire;* d'autres participent officiellement aux congrès socialistes.

Le socialisme n'est pas moins bien organisé à l'étranger.

En 1877, les socialistes recueillaient dans l'empire d'Allemagne 559,000 voix; le parti disposait de 41 feuilles périodiques et possédait une caisse centrale. Un des organes officiels, le *Vorwärts*, avait plus de 12,000 abonnés; le *Nouveau monde* comptait 35,000 lecteurs; l'*Almanach socialiste* était répandu à 50,000 exemplaires [1].

Les socialistes ont aujourd'hui des journaux, des comités, des caisses, en Angleterre, en Belgique, en Italie, en Espagne, en Portugal, en Suisse. Ils se réunissent tous les ans en congrès [2] pour discuter des programmes, des manifestes, et la société européenne se croise les bras devant des gens qui se préparent à la ruiner. Si l'on apprenait que le

1. *Revue générale*, avril 1878.

2. 1865, Londres, conférence internationale. — 1866, Genève, congrès intern. — 1867, Lausanne, congrès int.; Nuremberg, conférence int. allemande. — 1868, Bruxelles, congrès int. — 1869, Bâle, congrès int.; Berne, congrès de la paix. — 1872, Saragosse, congrès socialiste espagnol; Cordoue, congrès int. espagnol; La Haye, congrès int. — 1873,

Grand Mogol se dispose à envahir l'Europe avec quelque vingt millions d'hommes, l'Europe prendrait peur, elle enverrait une armée sur la frontière russe, les nations oublieraient leurs griefs réciproques pour unir leurs armes et protéger la société civilisée contre ces hordes barbares. Mais on reste impassible devant les barbares du dedans; ils peuvent discuter comment on confisquera les propriétés, comment on violera tous les droits, comment on imposera aux vaincus une dure servitude. Leur triomphe ressemblera pourtant par bien des côtés à la conquête de l'Europe par le Grand Mogol.

Une organisation si puissante, un parti si nombreux, caressant des projets aussi hardis, poursuivant des passions aussi terribles, discutant paisiblement au vu et au su de tous, des mesures révolutionnaires aussi radicales, voilà assurément une force avec laquelle il faut compter. Le socialisme est aujourd'hui trop puissant pour ne pas être une menace, un danger; il se propage librement; rien ne semble s'opposer à son succès; que nous promet-il donc? Pour commencer, la Commune.

Bruxelles, congrès régional int.; Bologne, congrès socialiste italien. — 1875, Gotha, congrès socialiste allemand; Neufchâtel, congrès socialiste suisse. — 1876, Paris, congrès ouvrier. — 1877, Gand, congrès socialiste; (?), congrès socialiste portugais. — 1878, Lyon, congrès ouvrier; (?), congrès socialiste portugais.

III

LE SOCIALISME ET LA COMMUNE

Ce parti, nous l'avons dit, nous le répétons, n'a jamais marchandé son adhésion à l'insurrection de 1871. La glorification de la Commune de Paris, l'apothéose des fusilleurs d'otages et des pétroleurs, reparaissent à chaque instant dans ses organes accrédités. Dès le mois de juin 1871, les sections de différents pays, obéissant à un ordre du Comité central, déclarent faire cause commune avec l'insurrection et se rendre solidaires de ses actes [1].

1. *Section belge.* — « Le congrès de l'Association internationale des travailleurs acclame solennellement la Commune de Paris, *vaincue momentanément*, reconnaît qu'elle a bien mérité de l'humanité entière, que ceux qui ont combattu pour elle ont droit au respect et aux sympathies de tous les hommes de cœur *. »

Section suisse. — « Ce combat soutenu par la Commune

* *Enquête officielle 18 mars*, p. 228.

L'adhésion est complète, formelle. La Commune, disait un journal allemand, « n'est qu'un épisode dans la révolution sociale qui a commencé son mouvement [1]. » Quelles surprises, quelles révolutions ne doit-on pas attendre d'un tel parti? Quand on connaît sa force, ne doit-on pas dire : Véritablement, nous vivons sur un volcan qui d'un jour à l'autre peut éclater et nous ensevelir!

L'adhésion ne suffit pas, il faut encore l'apologie. Tout est bon pour troubler les esprits, remuer les passions révolutionnaires et propager les doctrines anarchiques. L'*Ami du peuple*, journal socialiste belge, justifie le massacre des otages : (19 mars 1876) :

« Nous l'avons entendu et, malgré l'espace et le temps, nous l'entendons toujours ce cri des **communiers** de Paris, cri revendicateur, à tous les

de Paris est juste et digne; il est en solidarité avec les idées d'un meilleur temps, et tous les hommes qui réfléchissent doivent combattre pour elle *.

Section de Londres. — « Le Paris des ouvriers et sa Commune seront à jamais regardés comme les précurseurs d'une société nouvelle **. »

En même temps, l'organe allemand des députés Bebel et Liebnecht s'exprime en ces termes : « Nous sommes et nous nous déclarons solidaires de la Commune de Paris, et nous sommes prêts à soutenir ses actes à tout instant et contre tous. » Voir page 9, note 1.

1. Vinterer, *Le socialisme.*

* *Enquête officielle* 18 *mars*, p. 228.

** *Id.*

vents jeté comme une semence; cri du combattant, cri du vaincu qui retentit jusque sur les marches du Panthéon et que par intervalles, pendant plus de quatre années, les échos de Satory et de Vincennes nous envoyèrent frémissant de conviction! Ce cri que, sans trêve, le flot antarctique nous apporte chaque jour tout chargé de malédictions! Eh bien! ce cri que nous lèguent des bouches expirantes, précieusement je le recueille et m'écrie à mon tour : **Oui, vive la Commune**! C'est-à-dire, vive le droit, vive la justice, vive l'égalité, vive la solidarité, vive l'humanité affranchie et régénérée!

. . . .

« Qu'on ne nous parle pas des généraux de Montmartre. **Lecomte fut pris la main dans le sang**, et pour Clément Thomas, à ses trahisons du jour s'ajoutait sa participation aux massacres de juin. Il vécut vingt-trois ans de trop.

« **Et le sang des otages**? hurle-t-on. Nous n'avons rien à éluder. Au lieu de ces représailles de la Commune expirante, qu'eût-ce été si le Comité central, dans la nuit du 18 au 19 mars, avait fait fermer Paris hermétiquement, s'il avait retenu prisonniers les généraux Martimprez, Chanzy, l'amiral Saisset et une foule d'autres gros personnages; s'il avait mis en arrestation **dans les catacombes** toute la **cléricaille** qui fomentait des troubles, des manifestations, qui conspirait; s'il avait fait juger les conspirateurs du Grand-Hôtel, Schœlcher et Picard en tête; **s'il avait parqué dans un égout** les folliculaires à gages, **les bêtes puantes et mouchards du journalisme**; s'il avait fait condamner et châtier la bande de Pène, **qui versa le sang à la place Vendôme**?

« Ce qui en fût résulté est clair. Paris conservait les soldats de l'armée de la Loire campés au Champ-de-Mars, et qui furent, sous la conduite des gendarmes et des policiers déguisés en militaires, le noyau de l'armée versaillaise. Paris muré renfermait le 18 mars au moins **cinquante mille fonctionnaires** de tout ordre, de tout rang, des **propriétaires**, des **capitalistes**, des **manufacturiers**, etc., tous **vrais otages par excellence**.

En cas de sédition, — **ce qui était à souhaiter**, — c'était, **en champ clos, l'écrasement de la fleur versaillaise**.

. . . .

« Revenons aux otages. Nous y tenons.

« Du moins on ne trouve parmi eux ni femmes ni enfants; mais quels sont-ils?

« **Deux chanteurs de Te Deum**, Deguerry, curé, et Darboy, archevêque et sénateur; **un Bonjean**, autre sénateur, tous les trois créatures impériales qui restaient à Paris pour intriguer, conspirer; un banquier, Jecker, qui prétexta la guerre du Mexique et qui en bénéficia ; un Chaudey, avocat, faux socialiste... puis **quelques jésuites qui servaient Versailles en trafiquant de la croix de Genève** ; le reste, des gendarmes qui ouvrirent le feu sur le peuple le 18 mars ; des sergents de ville **et autres bandits policiers,** pourvoyeurs de Lambessa et de Cayenne, qui, pour mieux vendre la Commune, feignaient de la servir, tramaient des complots et mettaient le feu aux poudres.

« **Les voilà ces innocentes victimes** ! la chair de votre chair, que, **dans votre secrète joie**, vous pleurez hypocritement. **Les voilà cette soixantaine de cadavres qui vous servent de chantage, autour desquels vous aboyez comme des bateleurs** !... »

L'ignoble feuille dont nous présentons quelques extraits donne aussi une pièce de vers intitulée *L'anniversaire*, et qui se termine ainsi :

. . . .

Guerre, guerre aux tyrans !... Dans la rouge fournaise
Le peuple s'est rué formidable, et dans l'air
On entend sourdement rugir la Marseillaise
Qui passe brandissant pour épée un éclair.
Un monde va finir. Plus de roi, plus de maître !
Le capital à tous ! Travail ! Egalité !
Un monde a disparu. **Plus de Dieu, plus de prêtre !**
Concorde ! Paix ! Amour ! Vive l'humanité !
Dix-huit mars ! déjà l'herbe a poussé sur la tombe
Où dorment des vaincus les cadavres troués.
Frères, serrons les rangs. Que pour un seul qui tomba
Mille autres soient debout, comme lui dévoués !

Ce n'est pas tout : après l'adhésion, l'approbation, l'apologie, le socialisme n'a pas assez fait; il jette le gant au pouvoir et demande que la France fasse des excuses pour avoir vaincu la Commune; c'est ce qui ressort de la lettre du socialiste J. Valès au président Grévy (*Révolution française*, 10 février 1879) :

« J'ai l'honneur d'être un vaincu ; un vaincu qui ne se repent pas, je le jure par tous mes sentiments d'honnêteté et de justice. Vous le voyez : je ne me plie ni ne me tais pour passer sous les fourches caudines qui pourraient être la porte ouverte de la patrie. Mais, dans la demande d'amnistie qu'on vous disait résolu à proposer, il y avait plus que l'espérance pour les déportés et les proscrits de revoir la France; il y avait une déclaration intelligente et crâne. Ce n'était pas une proposition d'oubli; je repousse le mot : c'était au contraire un appel aux grands souvenirs.

« Si la République est vivante, c'est parce que vingt mille des nôtres sont morts.

« Il ne s'agit pas d'oublier, vous dis-je! mais de se souvenir. C'est devant nos baïonnettes que M. Thiers a hésité et que la monarchie est restée dans l'ombre. L'histoire le dira : vous auriez dû le dire.

« Nous sommes trois cent mille qui vous avons porté où vous êtes. Dans le recensement des votes, l'autre jour, il faudrait faire entrer en ligne de compte non seulement les bulletins bleus ou roses des députés et des sénateurs, mais encore les ossements blanchis des fédérés fusillés. On aurait pu jeter leurs crânes comme des boules de scrutin dans la balance. La République était morte et roulait à terre si nous ne l'avions calée avec la crosse de nos fusils d'insurgés.

« L'amnistie pleine et entière était une date, plus large encore que quelques-uns des nôtres ne la veulent, je parle de ceux qui demandent le châtiment pour les ministres du 16 mai. Non, mille fois non! Il fallait que votre élection marquât l'entrée en ligne d'une conviction nouvelle : à savoir que, si des scélérats peuvent épouvanter un pays, la faute en est aux institutions que le pays supporte. Il s'agit de porter la hache là-dedans, et non de la promener sur la tête de quelques de Broglie ou Fourtou, qui ne font que profiter de la pleutrerie des gouvernants et des gouvernés.

« C'est la société qui doit comparaître aux assises. Est-ce cela qui vous fait peur? Mais ce n'est qu'en établissant ces assises que l'on pourra en finir, un jour, avec les guerres civiles et fermer l'ère des révoltes. Voilà, monsieur, ce qu'aurait dû vous apprendre l'étude de l'histoire.

« Votre maison militaire est à monter, paraît-il. Même à un président en redingote, il faut un entourage d'épaulettes et d'uniformes, des reflets d'or et de pourpre. Eh bien, si tous ceux qu'on a assassinés en mai 1871 peuvent sortir de leurs tombes et se rallier sanglants autour de vous, vous aurez un état-major comme n'en eut jamais exterminateur de la Bible ou général d'armée !

« Vous avez acheté, nous dit-on, six grands chevaux pour traîner votre char. Si, au détour de quelque rue, devant un square, ils buttent tout d'un coup, c'est que le terrain fait une bosse à l'endroit où l'on entassa les cadavres. Prenez garde que vos chevaux ne se couronnent en piaffant là-dessus !

« Mais non, foulez les morts et tenez éloignés les survivants ! Ceux qui ont échappé au massacre sont habitués à la douleur. Rien ne dérange la sérénité des vaincus. Ils se sont créé une patrie dans le monde idéal de la justice, et ils préfèrent vivre ensemble dans la peine qu'être heureux dans la lâcheté. Vous n'obtiendrez donc rien qu'un sourire de dédain avec vos propositions de grâce et de pardon. Ils garderont l'attitude des gens qui vous ont fait l'aumône de leur bonheur et portent bravement le deuil de leur patrie. Si vous aviez demandé l'amnistie, nous pouvions être quittes ; mais vous restez notre obligé, et vous nous devez saluer le premier.

« Président de la troisième République, décrétez la liberté pour n'avoir pas à décréter le massacre ! »

IV

LE PREMIER ARTICLE DU PROGRAMME SOCIALISTE

Nous avons vu les forces du parti; nous avons vu ses sentiments sur la Commune. Que veut donc le socialisme? A quoi prétend-il?

Pour le moment, son mot de ralliement est celui-ci : *Destruction de l'organisation sociale;* c'est parce qu'il voit dans l'anarchie révolutionnaire de 1871 un principe éminemment destructeur qu'il l'acclame. « Les socialistes révolutionnaires, écrit un des organes de Genève, s'organisent en vue de la destruction ou, si l'on veut être plus poli, de la liquidation des États [1]. » Le catéchisme révolutionnaire publié par les soins du grand chef Karl Marx est aussi formel : « Le révolutionnaire méprise tout le doctrinarisme et toute la science pré-

1. Vinterer, p. 176.

sente; il ne connaît bien qu'une seule science, la *destruction*. Il étudie... mais ce n'est que dans le but de détruire... Son désir sera toujours la destruction la plus prompte et la plus sûre de ces ignobles conditions sociales [1]. » Pour les socialistes, la société est mal faite; nos institutions, notre organisation violent les lois naturelles, les principes d'égalité et de liberté. Ils veulent supprimer un ordre de choses qui accepte l'inégalité, laisse subsister la misère et la souffrance à côté de la richesse et de l'opulence [2]. « Tout est à refaire dans

1. Vinterer, p. 160.

2. *Le Voltaire*, 24 décembre 1879 :

« Quand une société est mal faite, quand ses institutions sont contraires aux lois de la nature humaine, quand elles protègent une catégorie d'individus, une caste ou une classe aux dépens du plus grand nombre, quand la richesse y est mal distribuée et que les charges y sont non seulement excessives, mais encore mal réparties, il est fatal qu'une multitude de gens dont le nombre va sans cesse croissant, se plaignent, protestent et s'irritent. Elle veut qu'on change quelque chose à la société et à ses institutions... Cette multitude-là, qu'elle fasse profession ou non de socialisme, est socialiste. »

P. Roland, lettre à Quépin; Malon, *Écoles françaises*, p. 233 :

« Parmi les faits qui, s'accomplissant simultanément ou d'une façon successive sous nos yeux, doivent nous mener à l'établissement encore idéal que le peuple acclame : République démocratique et sociale, le fait le plus en évidence aujourd'hui c'est l'association ouvrière... elle ne prétend à rien moins qu'à abolir la féodalité industrielle, les droits seigneuriaux de l'oisiveté capitaliste, à affranchir le prolétariat. »

Le Travailleur de Genève (cité par Vinterer, p. 175) :

« Nous combattrons toute l'organisation bourgeoise ac-

notre monde mal bâti, écrit la *Révolution française* [1]. La société est injuste envers le plus grand nombre,... prouvons qu'étant le nombre et la force nous sommes aussi la science, l'instruction, la capacité et l'aptitude... L'heure a sonné des réformes sociales et économiques; il est temps de pénétrer dans la société pour *reconstituer l'édifice* sur des

tuelle, répudiant d'ores et déjà toute alliance avec un parti politique quelconque... Nous voulons arriver à une organisation où il n'y aura plus d'oisifs jouissant du travail d'autrui, plus de producteurs périssant plus ou moins vite de fatigues, de misère et de faim. »

Le Révolté de Genève (*Prolétaire*, 8 mars 1879) :

« Nous sommes des révoltés.

« Oui, nous le déclarons carrément : le spectacle que donne la société actuelle nous révolte, nul travailleur n'y jouissant du produit intégral de son travail. Elle signifie l'extrême misère des uns, avec cette aggravation : l'insolente opulence des autres. — D'où cela? De l'accaparement progressif de tous les instruments de travail.

. . . .

« En haut, le fainéant, l'aristocrate, le maître! Il trône, en Jupiter-patron, dans le luxe splendide, les pieds mous dans les riches tapis; bijoux, chaînes, montres, breloques luisent sur le gilet moderne, au lieu et place que tachait le blason sur l'antique pourpoint.

. . . .

« Eh bien! la vue de la misère nous révolte; la vue de la prostitution nous révolte; les institutions économiques ou politiques, propriété ou gouvernement, qui se font les souteneuses de cet ordre de choses, nous révoltent; et, puisque nous sommes dans cette triste période où « la force prime le droit » que, n'ayant pas la force, nous sommes dans l'impuissance, nous voulons du moins laisser monter du cœur l'indignation amère, et sortir de nos lèvres le cri de protestation du *Révolté*. »

1. 18 février 1879.

bases rationnelles et équitables. » (Appel des organisateurs du comité ouvrier de Marseille. Voir le document aux appendices.)

Pour revenir à la loi naturelle de l'homme et à l'égalité parfaite, le socialisme se propose la destruction des institutions qui sont le fondement de notre société, savoir : la propriété, la famille, la religion, l'Etat.

1° La propriété. — La propriété ou le capital est pour les socialistes la grande cause de l'inégalité sociale; apanage des plus adroits ou des plus heureux, elle sert à dépouiller les moins heureux et à les tenir en servitude [1]. Rien, suivant eux, ne saurait la justifier : « La propriété ne peut trouver de raisons justificatives dans aucun principe juridique, économique, psychologique ou métaphysique, dans aucune origine, usucapion, prescription, travail, conquête ou concession du législateur... et, si quelques socialistes en conservent encore le nom en raison de sa destination hautement civilisatrice... ils veulent tout au moins que ce droit soit acquis à tous, non plus en théorie,

1. « Partout la multitude rampe sous la verge d'un despote ou sous celle des castes privilégiées... Quant à la cause de ces désordres, on la trouve dans l'inégalité des fortunes et des conditions, et en dernière analyse dans la propriété individuelle, par laquelle les plus adroits ou les plus heureux dépouillent la multitude. » (Babœuf; C. Malon, p. 29.)

mais en pratique [1]. » Ce qui exige le partage de tous les biens ou la liquidation sociale. Babœuf, Saint-Simon, Fourier, Leroux et tous les théoriciens de la secte avaient devancé Proudhon. Les socialistes internationaux sont restés fidèles aux principes des maîtres. Le 13 octobre 1869 le meeting des travailleurs socialistes anglais déclarait « le monopole de la propriété foncière [2] cause de tous les maux moraux, politiques et sociaux. Pour remédier à ces maux le sol doit être rendu à son légitime propriétaire, qui est le peuple. » Au congrès de Bâle, l'un des rapporteurs concluait en ces termes : « Puisque la classe capitaliste et propriétaire ne veut pas entrer en transaction et que les travailleurs sont résolus plus que jamais à maintenir leur droit, il est inévitable que l'on procédera tôt ou tard à une *liquidation forcée*, oui, forcée, car le prolétariat a de son côté deux forces auxquelles rien ne peut résister, la force du nombre et la force de l'idée [3]. » Dix ans plus tard, les socialistes du congrès ouvrier de Lyon affirment les mêmes principes : « l'institution de l'enseignement intégral ne pourra devenir une réalité que dans une société où régnera l'égalité économique, c'est-à-dire basée

1. Proudhon, *Théorie de la propriété*, p. 173. *Idée générale de la Révolution*, p. 203.
2. Vinterer, p. 60.
3. Malon, p. 265.

sur la *propriété collective ;* et la condition préalable pour l'organisation d'une telle société, c'est la destruction de l'État politique, juridique, militaire et bourgeois, une transformation sociale [1]. » Toute une presse [2] répète chaque jour ces doctrines, et dans des banquets publics on boit au milieu d'applaudissements frénétiques « à la liquidation sociale au bénéfice des exploités [3]. » L'α et l'ω du socialisme est donc bien, comme l'écrit le socialiste Schöffle [4], « la destruction du capital privé, » c'est-à-dire de la propriété.

Si les socialistes se partagent sur l'emploi et la répartition qu'ils feront de la richesse, tous sont unanimes pour en demander la liquidation.

2° La famille. — Le second obstacle à l'égalité et à la loi de nature, c'est la famille. La famille romaine, dont nous sommes dotés, disent les socialistes, sacrifie la femme et l'enfant; elle viole donc l'égalité et la loi naturelle [5]. Tant qu'un homme pourra dire *ma femme*, *mon enfant*, il restera

1. Vinterer, p. 139.
2. Voir *Révol. fran.*, appendice. *Voltaire*, *Égalité*, *Prolétaire*, etc.
3. Vinterer, p. 140. Banquet de Saint-Mandé, 14 juillet 1878.
4. Schöffle, p. 13. α und ω des socialismus ist die verwandlung der privaten Concurrenzcapitale in einheitliches Collectiocapital.
5. Malon, p. 102.

égoïste, et l'esprit de propriété grandira en lui. Pour *sa femme*, il lui faudra bientôt *sa* chambre, *sa* maison, *son* jardin [1]; l'égalité sociale ne sera donc définitivement assise que le jour « où chacun des hommes pourra avoir toutes les femmes et chacune des femmes tous les hommes [2]. » Notre manière de voir actuelle est, d'après les socialistes, une perversion du sens naturel due aux idées chrétiennes; le retour à la loi de nature amènera au contraire « la sanctification de la beauté et la réhabilitation de la chair [3] ». Saint-Simon, Enfantin, Fourier, ont prêché la communauté des femmes; les socialistes portugais demandaient en 1873 au gouvernement « de ne plus s'occuper du mariage, qui serait un simple contrat entre l'homme et la femme [4] » susceptible, comme tout contrat, de se résoudre et de se renouer autant de fois qu'on voudrait à la volonté des parties. Un organe de Paris demandait également, le 17 janvier 1879, « les rap-

1. Campanella, cité du *Soleil*, cité par Sudre, p. 194.
2. Fourier, *Théorie de l'unité universelle*, p. 461.
3. C'est la loi morale de Saint-Simon, le premier socialiste du siècle. (Malon, p. 41.) Son disciple Enfantin tenait aux femmes le discours suivant (Malon, p. 53) : « Prêtresse du Dieu vivant, le temps de l'avenir s'ouvre, l'homme n'est plus seul à l'autel; reine d'amour, un trône nouveau s'élève; assieds-toi à la droite de ton époux et non de ton seigneur. La sainte famille humaine est fondée; mère, épouse et fille, le lien sacré de l'égalité t'*unit* au père, à l'époux et au fils. »
La police dut faire fermer les réunions socialistes tenues par Enfantin.
4. Vinterer, p. 91.

ports sexuels absolument libres, parce que, en dehors de la liberté la plus entière et de l'accord combiné des deux volontés, il n'y a que prostitution... [1] » Un autre organe socialiste, *le Prolétaire*, émet les mêmes vœux : « Nous ne voulons pas de l'indissolubilité du mariage, parce que nous ne croyons pas à l'immutabilité des sentiments humains. Le mariage est, à notre sens, l'union des cœurs aussi bien que des corps ; et, lorsque les cœurs ne sont plus unis, le mariage n'est autre chose que le concubinage légal [2]. » Ces idées, les socialistes les font pénétrer dans les masses, et l'on voyait il y a peu de temps un comité de citoyennes lancer un manifeste dans lequel elles réclamaient « la possibilité de vivre *indépendantes* en travaillant... l'*association* et non la subordination dans le mariage [3]. » L'émancipation de la femme et la liberté des unions régie par le caprice des volontés, voilà ce que le socialisme veut substituer à la famille ; les *Pères de 93* l'avaient déjà fait entendre [4].

1. *Révolution française.* Voir docum. annexés, 17 janvier.
2. *Le Prolétaire*, 8 février 1879.
3. *Le Prolétaire*, 29 janvier 1879.
4. Barante (*Convention*, t. IV, p. 262-270) cite le discours suivant fait à la Convention :

« La bâtardise doit son origine aux erreurs religieuses et à la féodalité. Il faut la bannir d'une législation conforme à la nature. Il n'est d'autre mariage que celui de la nature. Il n'y a pas d'autres enfants que des enfants naturels. Les rejetons d'une union sentimentale sont sacrés dans la na-

Il ne faut pas plus d'autorité paternelle que de famille. « L'importánt, écrit B. Malon, est d'abolir radicalement l'autorité du père, sa puissance quasi royale dans la famille. Après cela, les parents resteront en fait et en droit les premiers amis de leur enfant; *cessant de pouvoir lui donner des ordres*, ils s'efforceront de continuer à *mériter son affection et sa confiance* au profit de l'amélioration de tous [1]. » L'égalité ne sera en effet complète qu'à cette condition; les enfants ne sont-ils pas autant que les parents? pourquoi leur commander? de quel droit? Plus d'obéissance, sans quoi plus d'égalité.

Cette partie de la doctrine, laissée dans l'ombre par certains socialistes, est cependant celle qui a reçu les plus sérieux commencements d'exécution. Enfantin avait organisé à Paris des réunions que la police dut dissoudre; les communautés socialistes des États-Unis ont appliqué cette partie du programme.

3° L'ÉTAT. — L'état sauvegarde le capital et la propriété; il consacre l'existence de la famille, il

ture... Légitime, il faudrait bannir ce mot du Code civil... Ne doit-on pas encourager les unions fruit d'un sentiment tendre et épuré? »

Et ailleurs, p. 34 :

« Un temps va venir où l'attachement d'un père pour son enfant, où le respect filial seront punis comme des attentats à la liberté naturelle des êtres. »

1. B. Malon, *Exposé des écoles franc.*, conclusion, p. 276.

est la destruction de l'égalité, puisqu'il établit une hiérarchie et des devoirs d'obéissance. « *La négation de la propriété emportant celle de l'autorité,* » le socialisme demande « *la destitution des gouvernements*[1] » quels qu'ils soient. Bakounine, arrivant à Lyon dès le lendemain du 4 septembre 1870, proposait les mesures suivantes :

« Art. 1. La machine administrative et gouvernementale de l'État, étant devenue impossible, est abolie.

« Art. 2. Tous les tribunaux criminels et civils sont suspendus et remplacés par la justice du peuple[2]. »

Le collectivisme international des travailleurs, écrit B. Malon, a inscrit sur son programme : « Transformation des États politiques, oppresseurs et parasites, en une vaste et libre fédération des groupes industriels et agricoles[3]. »

« Toute la doctrine anarchiste et fédéraliste, écrit de son côté M. Naquet[4], peut se résumer dans les axiomes suivants :

« *Tout pouvoir politique, quelles que soient son origine et sa forme, tend nécessairement au despotisme.*

« *Il faut abolir complètement, dans le principe*

1. Proudhon, *Confessions d'un révolutionnaire*, p. 122 130.
2. Vinterer, p. 118.
3. Malon, p. 289.
4. *Révolution*, décembre 1876.

et dans les faits, tout ce qui s'appelle pouvoir politique, parce que, tant que le pouvoir politique existera, il y aura des dominateurs et des dominés, des maîtres et des esclaves, des exploiteurs et des exploités.

« *Le pouvoir politique une fois aboli, il faut le remplacer par l'organisation des forces productives et des services économiques.* »

Ce sont là les idées, ce sont les principes dont la *Commune de Paris* a été la *première affirmation pratique*, la première tentative de réalisation.

Il y a bien des divergences sur ce que l'on veut substituer à l'État moderne : les uns veulent l'État ouvrier ou le socialisme imposé par un césarisme autoritaire; les autres veulent l'autonomie fédéraliste ou la suppression de tout lien hiérarchique entre les différents groupes ; quant à l'état actuel, tous en veulent la suppression [1].

4° LA RELIGION. — La religion est, avec l'État, la sauvegarde de la propriété et de la famille. Les

1. Programme du parti social démocratique allemand de Bebel et Liebnek : « Chaque membre s'engage de toutes ses forces aux principes suivants : l'état social et politique actuel est injuste au plus haut degré et doit être combattu avec la plus grande énergie. » (O. Testut, p. 385.)

Congrès de Genève 1868 (Testut, p. 21) : « Plus de gouvernements, car les gouvernements nous écrasent d'impôts ; plus d'armées, car les armées nous massacrent; plus de religion...

principes socialistes sont incompatibles avec les principes chrétiens; la destruction de la religion fait donc partie du programme. « Comme socialistes, disait à Gand M. Fontaines [1], nous voulons

Le but des socialistes, dit M. Naquet, est unique ; les moyens seuls diffèrent. Le but peut se résumer en ceci :

Le capital (dans le sens scientifique du mot), ou *instrument du travail*, ne peut être approprié individuellement ; il doit être la propriété inaliénable de la collectivité entière, et, par elle, confié, à titre de jouissance, aux travailleurs, de telle sorte que les travailleurs n'en puissent jamais être dépossédés au bénéfice d'une caste quelconque.

Quant aux moyens, il y a deux écoles, qu'on pourrait appeler l'*école autoritaire* et l'*école anarchiste*.

Pour les uns, il s'agit de créer l'*État ouvrier*, c'est-à-dire de donner la puissance politique aux ouvriers, qui s'empareraient à leur tour du gouvernement, comme s'en est emparé le *tiers État*, en France, après 1789.

Pour les autres, il ne s'agit point de créer un État ouvrier, mais, bien au contraire, d'abolir, dans la mesure du possible, et le plus tôt possible, l'État lui-même, et de lui substituer le mécanisme de l'autonomie fédéraliste.

Entre ces deux pôles : l'organisation de l'*État ouvrier*, où la conquête du pouvoir politique par les classes travailleuses, d'une part, l'*abolition du pouvoir politique* remplacé par l'organisation des *forces productives* et des *services économiques*, d'autre part, on peut dire que l'Europe s'est partagée.

Les *Latins*, c'est-à-dire les Italiens et les Espagnols à l'unanimité, l'immense majorité des Français, une partie des Suisses, — dits les *Jurassiens*, — se sont prononcés pour la dernière solution.

Les Allemands, au contraire, ont adopté en masse la première solution préconisée par leur compatriote Karl Marx.

Cette scission est regrettable, mais elle était à prévoir.

Mais ceux qui ont applaudi, en croyant voir, dans cette scission, un indice de mort du socialisme ou de décomposition des forces socialistes, en seront *pour leur courte honte*.

Le but poursuivi par tous est le même.

L'adversaire qu'ils combattent est le même pour tous.

1. *Français*, 23 mai 1865.

l'anéantissement de toute religion et de toute Église. » — « Il faut, disait à Bâle le socialiste Mollin, renverser définitivement Dieu si nous voulons relever l'humanité. »

On n'en finirait pas si l'on voulait relever les cris de haine, de colère, les injures, les menaces, les insultes des orateurs et des organes socialistes contre Dieu et la religion; ces simples échantillons de leur prose suffiront [1] :

« L'idée de Dieu est immorale et absolument contraire à tout progrès.

« Il faut que le catholicisme tombe. Il faut étouffer le papisme dans la boue.

« L'idée de Dieu est déjà bien ébranlée; il faut lui porter les derniers coups.

« Si vous ne décatholicisez la France, vous n'arriverez à rien.

« Guerre à Dieu ! le progrès est là ! »

1. Voir brochure de Mgr Dupanloup, *Où allons-nous ?* — B. Malon, ouvr. cité, *passim*. — Discours socialistes aux différents congrès. — L. Viardot, *Bibliothèque démocratique*.

Nota. — Dans son ouvrage : *L'Homme selon la science*, le philosophe allemand Büchner présente le socialisme comme l'avenir de l'humanité. Il n'est pas sans intérêt de rapprocher ces pages d'un savant, des vociférations bruyantes des publicistes et des démagogues socialistes. On constate entre le savant et les orateurs de club une identité de critiques, de vues, de projets, qui justifie pleinement notre analyse du programme socialiste, et qui corrobore notre exposé.

V

LE SOCIALISME EST-IL NOUVEAU ?

Dans un siècle qui ne parle que de progrès, le socialisme a tout au moins un défaut : c'est de n'être pas nouveau. Longtemps avant Platon (il y a environ vingt-quatre siècles), Phaléas de Chalcédoine, Hippodamus de Milet avaient célébré les bienfaits du communisme [1]. Platon reprit le même thème dans son livre des *Lois :* propriété collective, repas commun, communauté des femmes, éducation publique des enfants, aucune des idées modernes ne manque à cette rêverie du grand philosophe que Milton appelait une débauche intellectuelle conçue à la suite d'une orgie.

L'apologie du communisme en resta là jusqu'au XVIe siècle. Rabelais, par son abbaye de Thelem, dont la règle est : *Fay ce que voudras*, annonce

1. Aristote, *Polit.*, liv. II, IV et V.

Morus et son *Utopie*. Moins conséquent que Platon, Morus conserve quelques-unes des vieilles institutions sociales[1]; ce qu'il attaque surtout avec la dernière violence, c'est la propriété; il est intéressant de constater que les socialistes d'aujourd'hui ne font que répéter les arguments de l'utopiste du XVIe siècle.

« Dans les États où la possession est individuelle, où tout se mesure par l'argent, on ne pourra jamais faire régner la justice ni assurer la propriété publique... Tant que le droit de propriété subsistera, la classe la plus nombreuse et la plus estimable n'aura en partage qu'un inévitable fardeau d'inquiétude, de misère et de chagrin... Est-il juste qu'un noble, un orfèvre, un usurier, un homme qui ne produit rien, mène une vie délicate au sein de l'oisiveté ou d'occupations frivoles, tandis que le manœuvre, le charretier, l'artisan, le laboureur vivent dans une sombre misère, se procurant à peine la plus chétive nourriture?... Quel est le sort de l'ouvrier? Un travail infructueux, stérile, l'écrase dans le présent, et l'attente d'une vieillesse misérable le tue... Les riches diminuent chaque jour de quelque chose le salaire des pauvres, non seulement par des menées frauduleuses, mais encore en publiant des lois à cet effet... Mettez un frein à l'avare égoïsme des riches, ôtez-leur le

1. La famille entre autres.

droit d'accaparement et de monopole ; qu'il n'y ait plus d'oisifs parmi vous... »

Il n'est donc pas vrai que le socialisme vienne de la Révolution française ; quand Morus écrivit son livre, Luther n'avait point encore rompu avec Rome; c'est donc ailleurs que dans les grands évènements historiques des derniers siècles qu'il faut chercher l'origine des idées socialistes.

Le livre de Morus fit époque. Platon n'était connu que des philosophes ; c'est la première fois que les attaques contre la proprieté étaient écrites dans la langue du peuple; les idées communistes ressuscitées dans le roman de Morus devinrent dès lors un thème à l'usage des théologiens exaltés, des philosophes rêveurs, des politiques éthérés, des romanciers à bout de ressources.

Campanella (1630) dans la *Cité du soleil*, *Bacon* dans *New Atlantis*, *Harrington* dans *Oceana*, *Hall* dans *Mundus Alter*, *Berkeley* dans *Gaudentio di lucca*, *Morelly* dans *Basiliade*, et tant d'autres [1] reprirent avec des variantes le même sujet.

Non seulement les idées communistes et socia-

1. Abbé de Saint-Pierre, *Rêve de paix perpétuelle*. — Rétif de La Bretonne, *Découverte australe*. — *Histoire des Sévarambes*. 1677. — *Histoire naturelle et civile des Galliciens*. 1770. — *Telephe* de Pechuija. — *Selhos* de Terrasson. — *Numa* de Florian. — *Les Ojoiens*. — *Le Miroir d'or*. — *Le Monde de Mercure*. — *Les Voyages de Cyrus*. — *Le Nouveau Gulliver*.

listes ont trouvé des apologistes avant notre siècle; elles ont encore été essayées et mises plus ou moins complètement en pratique par l'antiquité, et nos contemporains n'ont même pas le mérite de vouloir essayer du nouveau.

S'agit-il, comme le veulênt certains socialistes, d'une égalité absolue, d'une entière liberté entre les sexes, d'une rupture complète de l'autorité paternelle, d'une incapacité absolue de posséder, d'un travail en commun pour la chose publique? Ce programme, l'esclavage antique le réalisait. L'esclave ne pouvait avoir ni famille, ni enfants, ni propriété; ses rapports avec la femme n'étaient régis par aucune loi; ses enfants appartenaient au maître, il n'avait sur eux aucune autorité; les instruments de travail possédés par le maître lui étaient fournis gratis; il était logé et nourri gratis. Au maître antique substituez l'Etat, et l'esclavage est exactement la réalisation de certains programmes socialistes. Il resterait même un avantage aux esclaves anciens sur les esclaves modernes : c'est que la servitude sous un maître peut parfois être moins dure que sous la férule de l'Etat. A Rome, les plus misérables, les plus malheureux des esclaves étaient les esclaves de la chose publique. L'esclavage de tous, voilà donc le dernier mot de certains programmes socialistes; ce serait un retour vers le passé et non un progrès.

S'agit-il, comme le prêchent d'autres écoles socialistes, d'une égalité absolue au milieu d'une autonomie fédérale, sans lien central constituant l'Etat, sans pouvoir suprême? l'antiquité l'a aussi connu. Les Esséniens, que décrit Flavius Josèphe, vivaient par communautés, sans hiérarchie, sans autorité supérieure, pratiquant la communauté des biens, l'égalité absolue. Ils ont, nous dit l'auteur, « la richesse en mépris... Quiconque veut être des leurs doit faire ses biens communs à tous les autres..... de la fraternité, de sorte qu'en pas un on ne voit ni mépris, ni pauvreté, ni magnificence des richesses; mais, les biens étant mêlés ensemble, on y aperçoit une communauté et comme un patrimoine entre frères. Ils ont des proviseurs pour dispenser leurs biens communs, et chacun d'eux est pour faire toutes choses, qu'ils élisent d'entre tous par un commun accord [1]. » Ils travaillent tous, mangent en commun.

S'agit-il d'un socialisme mitigé, Crète et Lacédémone nous en offrent le spectacle. Lycurgue, nous dit Plutarque [2], « qui voulait bannir de Sparte l'insolence, l'envie, l'avarice, le luxe et les deux plus grandes comme les deux plus anciennes maladies de tous les gouvernements, la richesse et la pauvreté, persuada aux Spartiates de mettre en

1. Josèphe, *Guerre des Juifs*, liv. II, ch. XII.
2. Plutarque, *Lycurgue*, passim.

commun toutes les terres, d'en faire un nouveau partage, de vivre désormais dans une égalité parfaite, enfin de donner toutes les distinctions au mérite seul... il procéda tout de suite à ce partage... pour faire disparaître toute espèce d'inégalité, il entreprit aussi de partager les biens mobiliers... pour déraciner le luxe, il fit une troisième institution, celle des repas publics. Il obligea les citoyens de manger tous ensemble et de se nourrir des mêmes viandes réglées par la loi. Il leur défendit de prendre chez eux leurs repas, de se faire servir par des cuisiniers et des officiers de table. Lycurgue n'eut pas moins d'attention à bannir du mariage la jalousie; il se moquait de ceux qui, n'admettant aucun partage, considèrent comme une injure le commerce des autres citoyens avec leur femme; il voulait que tout homme pût demander à un mari sa femme sans l'offenser. Lycurgue prétendait que les enfants n'étaient pas à leurs parents, mais à l'Etat; un père n'était pas maître d'élever son enfant; dès l'âge de sept ans, ils étaient distribués en différentes classes pour être élevés en commun sous la même discipline. » Les institutions de Crète étaient à peu près les mêmes.

Partage égal ou propriété collective, pas de famille ou famille de passage, instruments de travail possédés par un seul, travail et nourriture répartis à tous; autonomie fédérative, césarisme autoritaire ou indépendance absolue : voilà tous les rêves qu'on nous présente comme des progrès, réalisés par l'antiquité.

Inutile de dire qu'à Sparte et en Crète, en dépit des lois, les citoyens cachaient de l'or, l'Etat était pauvre, le particulier riche et cupide ; nulle part, dit Aristote, la vénalité ne fut si ordinaire ni si éhontée. « Sparte resta une cité barbare au milieu de la Grèce; elle ne sut même pas bien le seul art qu'elle pratiquait, la guerre [1]. » Le communisme de Sparte reposait d'ailleurs sur l'esclavage : les citoyens étaient nourris par l'État ; ils n'avaient pas besoin de travailler; un peuple esclave, les Ilotes, faisait vivre de son travail les citoyens.

Depuis l'ère chrétienne, les tentatives d'organisation communiste furent nombreuses. Plotin, les Gnostiques, les Nicolaïtes, les Severins, les Carpocratiens, aux premiers siècles, rêvèrent la république de Platon. La propriété et le mariage étaient également condamnés par ces hérétiques [2]. Aux siècles suivants Mazdec en Perse, les Guillemins, les Turlupins proclamèrent la réhabilitation de la chair. Les Apostoliques donnèrent par fraternité jusqu'à leurs épouses ; les Anabaptistes enfin réalisèrent à peu près complètement le programme

1. Duruy, *Hist. grec.*, I, 143.
2. Dölling, I, 242.

du socialisme moderne : « La communauté des biens et l'égalité radicale... la confusion de l'autorité spirituelle et temporelle... la négation des peines et des récompenses, l'irresponsabilité humaine... la prétention de fonder sur la terre une société parfaite, un nouvèl Eden... toutes ces aberrations, les Anabaptistes les ont professées. Du principe de la communauté des biens ils tirèrent bientôt celui de la communauté des femmes [1]. »

Sous le rapport de l'exécution comme de la conception, de la réalisation comme de l'apologie, les socialistes modernes n'ont donc rien inventé, et sous le nom de progrès ils veulent renouveler une expérience vingt fois tentée ou nous ramener à un passé depuis longtèmps oublié.

1. Sudre, *Hist. du communisme*, p. 118.

VI

ORIGINE HISTORIQUE DU SOCIALISME MODERNE

Depuis l'ère chrétienne et jusqu'au XVIIIe siècle, les doctrines socialistes, quelle que fût leur forme, ne s'étaient présentées que comme des rêveries philosophiques, des hérésies, des romans humoristiques. Au XVIIIe siècle, il en fut autrement. Les malheurs de la fin du règne de Louis XIV avaient amené une réaction contre le règne du Grand Roi [1]; les embarras de la Régence, le besoin d'argent, amenèrent les discussions les plus vives sur le rôle de la noblesse, ses privilèges, l'importance et l'utilité des Etats généraux. Les récriminations contre les dispositions de Louis XIV en faveur des légitimés; les inconvénients de la centralisation absolue réalisée par ce prince, firent discuter les droits et

1. Dareste, *Hist. de France*, VI, p. 273.

les prérogatives du pouvoir royal. Ces préoccupations du moment, le souci de l'avenir, le souvenir encore vivant des malheurs passés, habituèrent bien vite l'esprit public à la critique du gouvernement. L'abbé de Saint-Pierre et Montesquieu lancèrent les premières invectives contre l'ordre régnant, l'un dans sa *Polysynodie* (1718), l'autre dans ses *Lettres persanes* (1721). La question des réformes sociales se trouvait ainsi indiquée; l'intervention de Voltaire, qui, par ses *Lettres philosophiques* (1731), *Traité de métaphysique* (1734), *Eléments de philosophie de Newton* (1738), *Discours sur l'homme* (1734), fit prévaloir en France la philosophie rationaliste de Locke, entraîna la question sociale dans le domaine purement philosophique et spéculatif.

Montesquieu seul reste sur le terrain des faits. Dans son *Esprit des lois* (1748), il pose catégoriquement les questions qu'il n'avait fait qu'indiquer dans les *Lettres persanes*, en leur donnant des solutions basées sur la morale et sur l'histoire. La question posée, deux ans après l'apparition de ce livre, par l'Académie de Dijon : « si le rétablissement des sciences et des arts a contribué à épurer les mœurs, » nous montre la préoccupation de l'esprit public pour les questions philosophiques et sociales. L'impulsion donnée par Voltaire à la philosophie de la raison pure, l'habitude prise de répudier les traditions comme préjugés du passé et soutien de l'ordre défectueux que l'on veut réformer, les fatigues d'une vie désordonnée et malheureuse d'illusions, le besoin enfin de se faire remarquer par quelque essai audacieux, firent répondre à la question de l'Académie par la *Prosopopée* de Fabricius (1750). Rousseau, négligeant les faits et les traditions, s'appuyant sur les principes de la pure raison, accuse la société et la civilisation de tous les maux de l'humanité, proclame les droits d'une égalité absolue, d'une liberté sans frein, et propose comme idéal du progrès le retour à l'état de nature. Le *Discours sur l'inégalité*, le *Contrat social*, l'*Emile*, ne sont que le développement de cette thèse [1].

Le retour à la nature, la critique de l'ordre régnant deviennent dès lors les thèmes à l'ordre du jour.

« Retour à la nature, c'est-à-dire abolition de la société, tel devient le cri de guerre de tout le bataillon encyclopédique [2]... sur ce principe l'attaque commence : il n'y en a pas qui pénètre plus avant, qui soit conduite avec une plus âpre hostilité. Jusqu'ici on ne présentait les institutions régnantes que comme gênantes et déraisonnables, à présent,

1. 1755-1762.

2. *Encyclopédie*; les deux premiers volumes paraissent en 1751; terminée en 1772.

on les accuse d'être en outre injustes et corruptrices [1]. »

Les ouvrages se succèdent. Morelly publie pour la défense de sa *Basiliade*, *le Code de la nature* (1755), dans lequel il pose comme base de la réforme sociale la communauté des biens, la proportionnalité des droits aux besoins et aux facultés [2]. Mably (1768) publie ses *Doutes sur l'ordre naturel des sociétés*, qui contiennent contre la propriété des attaques violentes : « Dès que nous avons eu le malheur d'imaginer des propriétés foncières et des conditions différentes, l'avarice, l'ambition, la vanité, l'envie et la jalousie devaient se placer dans nos cœurs pour les déchirer et s'emparer du gouvernement des Etats pour les tyranniser. Etablissez la communauté des biens, et rien n'est ensuite plus aisé que d'établir l'égalité des conditions et d'affermir sur ce double fondement le bonheur des hommes [3]. Rétif de La Bretonne commence (1767) de nombreuses publications dans lesquelles sont agitées les questions de réforme sociale ; les récits de Bougainville (1771) et de Cook (1774), leurs descriptions admiratives des mœurs du Pacifique et particulièrement d'Otaïti passionnent pour l'état de nature. Les grandes dames ne se font plus

1. Taine, *Ancien régime*, p. 293 et *passim*
2. Sudre, *Hist. du communisme*, p. 206.
3. Sudre, p. 217.

peindre qu'en bergères; il leur faut des chalets, des vacheries, des laiteries; les théories gagnent de hardiesse : Brissot de Warville publie ses *Recherches philosophiques sur le droit de propriété et le vol* (1780). La loi de nature devient entre ses mains un critérium de vérité; cette loi n'autorise la propriété que du nécessaire et non du superflu. « La propriété exclusive est un vol dans la nature... les animaux sont propriétaires aussi bien que l'homme [1]. » Le besoin est le seul titre de propriété, le seul fondement d'un droit; l'auteur en déduit logiquement la nécessité d'établir entre les sexes une liberté absolue, comme à Otaïti. Il a d'ailleurs été devancé par les encyclopédistes. Diderot a proclamé le mariage perpétuel un abus. Rousseau, Saint-Lambert, Tavel ont déclaré *la pudeur une invention et une convention;* on a proclamé que le bonheur n'existe que là où règne l'instinct, « à Otaïti par exemple, où le mariage dure un mois, souvent un jour, parfois un quart d'heure, où l'on se prend et l'on se quitte à volonté, où par hospitalité le soir on offre ses filles et sa femme à son hôte, où le fils épouse la mère par politesse [2]... »

Ces doctrines, partout répandues, finissent par trouver en Allemagne un homme qui, les prenant au sérieux, entreprend de les réaliser.

1. Sudre, p. 242.
2. Taine, *Ancien régime*, I, 285.

Weishaupt [1], professeur de droit à Ingelstadt, fonde en 1776 une association secrète dont le programme n'est que la réalisation des doctrines sociales émises par les philosophes.

« L'égalité et la liberté sont les droits essentiels que l'homme, dans sa perfection originaire et primitive, reçut de la nature; la première atteinte à cette égalité fut portée par la propriété, la première atteinte à la liberté fut portée par les Etats politiques et les gouvernements; les seuls appuis de la propriété et des gouvernements sont les lois religieuses et civiles; donc, pour rétablir l'homme dans ses droits primitifs d'égalité et de liberté, il faut commencer par détruire toute religion, toute société civile, et finir par l'abolition de toute propriété. »

La secte des Illuminés, car tel fut le nom des adeptes de Weishaupt, commença dans le secret, parmi les étudiants de l'Université; au bout de trois ans, le maître comptait mille adeptes. En 1785, le professeur était congédié, et deux ans plus tard les gouvernements de l'Allemagne, voyant dans les principes de la secte un danger sérieux, faisaient arrêter les chefs, saisir les papiers et instruire contre l'illuminisme un procès qui aboutit à l'emprisonnement des membres principaux. Au moment

1. Sur Weishaupt et l'illuminisme d'après Baruel, *Mémoires du jacobinisme.*

où il était poursuivi en Allemagne, l'illuminisme faisait son apparition en France. Mirabeau, représentant du gouvernement français auprès d'une cour allemande, se fit initier à la secte, et peu après il décida Weishaupt à envoyer une mission en France pour la propager. Cette mission arriva vers 1787, accréditée auprès des loges maçonniques de Paris [1].

En moins de deux ans, la doctrine de Weishaupt fut acceptée par les loges françaises, qui jouissaient depuis peu d'une liberté entière.

A la veille de la Révolution française, une double influence, les associations secrètes et les doctrines philosophiques, développaient donc les idées socialistes dans ce qu'elles ont de fondamental :

1. En Allemagne, la secte s'était propagée par les loges maçonniques. En 1787, il y avait en France du rite Grand Orient : 81 loges à Paris, 282 en province, 16 à Lyon, 7 à Bordeaux, 5 à Nantes, 6 à Marseille, 10 à Toulouse.

En dehors du Grand Orient, il y avait à Paris : loge des Neuf-Sœurs, loge de la Sourdière, loge d'Ermenonville, loge de la Candeur, loge du Contrat social. (Barruel, *Jacobinisme.*)

La franc-maçonnerie, inquiétée et dispersée plusieurs fois (1745, 1754), peut obtenir en 1770 protection des tribunaux (affaire Jadot). En 1771, il est nommé 24 inspecteurs pour visiter les loges du royaume. 1782 : Louis-Philippe d'Orléans, duc de Chartres, est nommé grand maître ; 1773 : première assemblée générale du Grand Orient. 1777 : fondation d'une loge de dames. Sur les années 1787, 88, 89, 90, les historiens maçonniques gardent un prudent silence, mentionnant : inertie, règlements, supplément aux statuts. (*Univers maçonnique*, 1837).

égalité absolue, injustice de la propriété, émancipation du joug religieux, renversement de l'État, liberté dans la famille; aussi n'est-il pas étonnant de voir des membres des assemblées politiques demander la révolution sociale en même temps que la révolution politique. Saint-Just déclame contre l'inégalité des fortunes : « L'opulence est une infamie : il ne faut ni riches ni pauvres... il faut que tout le monde travaille... l'homme et la femme qui s'aiment sont époux... les enfants sont nourris en commun[1]... ». Rabaud demande dans la *Chronique de Paris* le partage égal des fortunes. Robespierre insère dans la déclaration des Droits de l'homme le droit au travail [2] et limite le droit de propriété au bon plaisir de l'État [3]; Armand de la Meuse déclare la propriété la plus dangereuse des objections à l'égalité... « Le droit de propriété! s'écrie-t-il, mais quel est donc ce droit? Entend-on par là la faculté illimitée d'en disposer à son gré, c'est admettre le droit du plus fort [4] ».

Fouché prend un arrêté pour anéantir les signes

1. Sudre, p. 266.
2. Droits de l'homme, art. XI : « La société est obligée de pourvoir à la subsistance de tous ses membres, soit en leur procurant du travail, soit en assurant les moyens d'exister à ceux qui sont hors d'état de travailler. »
3. Droits de l'homme, VII : « La propriété est le droit qu'a chaque citoyen de jouir et de disposer de la portion de biens qui lui est garantie par la loi. »
4. Faure, *Le socialisme pendant la Révolution*, p. 80.

de la misère, proclamer la proportionnalité des jouissances aux travaux et organiser le droit au travail [1]; Saint-Just propose de rendre le travail obligatoire : tout citoyen rendra compte tous les ans dans les temples de l'emploi de sa fortune [2]. Dupont soumet ces propositions au vote de la Convention.

La famille n'est pas moins attaquée : on propose une déclaration des droits de la femme [3]; on réclame ses droits politiques; la vie agitée des clubs et des comités, les fonctions civiles sont en effet le moyen d'arracher la femme au foyer domestique et de ruiner la famille. « Chez les peuples vraiment libres, s'écrie Saint-Just, les femmes sont libres et adorées [4] ». L'acharnement que l'on met à réclamer l'égalité et la liberté pour le beau sexe va jusqu'au grotesque; un projet de décret remis sur le bureau de l'Assemblée propose que « le genre masculin ne sera plus regardé même dans la grammaire comme le plus noble, attendu que tous les genres, tous les sexes et tous les êtres doivent être et sont également nobles [5]. »

Les Jacobins incarcérés s'occupent de solution sociale. Bodson, nourri de la lecture de Morelli, leur

1. Faure, p. 44.
2. *Id.*, p. 91.
3. *Id.*, p. 145.
4. *Id.*, p. 150.
5. *Id.*, p. 139.

expose les théories du *Code de la nature* [1] ; libérés au 3 brumaire, ils organisent une conspiration dans le but de réaliser leur programme socialiste. On se réunit d'abord au café des Bains-Chinois, ancien temple de la Raison; là, une chanteuse à mœurs faciles, Sophie Lapierre, fait applaudir des vers qui sont un appel à l'insurrection. Les lieux de réunion se multiplient bientôt; il y a des cercles au palais Égalité, au théâtre Feydeau, à la réunion des Patriotes; des conciliabules mystérieux ont lieu dans les caves du Panthéon : on compte 2000 affiliés ; la conspiration a ses journaux [2], distribue des pamphlets, placarde des affiches, sans que le gouvernement puisse mettre la main sur les imprimeries clandestines, les afficheurs de nuit, les distributeurs secrets. De jour en jour, le langage des feuilles devient de plus en plus violent : on prépare les esprits, on aigrit les mécontents, on fait appel à l'insurrection : « La société est une caverne. L'harmonie qui y règne est un crime. Que vient-on parler de lois et de propriété? Les propriétés sont le partage des usurpateurs et les lois l'ouvrage du plus fort. Le soleil luit pour tout le monde, et la terre n'est à personne. Allez donc, mes amis,

1. Sur Babœuf, ce qui suit : *Babœuf et le socialisme, en 1796*, par E. Fleury, 1850.
2. *L'Éclaireur du peuple, le Tribun du peuple, l'Orateur plébeien, le Journal des hommes libres.*

déranger, bouleverser, culbuter cette société qui ne vous convient pas. Prenez partout ce qui vous conviendra; le superflu appartient de droit à celui qui n'a rien [1]. » (*Tribun du peuple.*)

« L'état de communauté est bien le seul juste, le seul bon, le seul conforme aux purs sentiments de la nature, celui hors lequel il ne peut exister de sociétés paisibles, vraiment heureuses [2] » (*Journal des hommes libres*, n° 44).

La violence de langage des journaux, les rapports de la police amènent cependant la dissolution des réunions clandestines. Babœuf, Antonnell et les chefs de la conspiration sont obligés de se cacher; ils n'en continuent pas moins à se réunir en secret. Il leur faut, pour réussir, le concours de l'armée; on répand des chansons, des journaux dans les camps qui environnent Paris; on enrégimente les filles publiques pour hâter la démoralisation des soldats; l'une d'elles se vante d'avoir débauché 2000 légionnaires; le gouvernement, inquiet de l'esprit anarchique qui sévit dans les camps, se voit obligé de licencier 17,000 soldats sur l'obéissance desquels on ne peut plus compter. Enfin le grand jour approche : les esprits sont prêts, la force armée est désorganisée, plusieurs de ses chefs sont parmi les conjurés; on rédige le mani-

1. Fleury, p. 77.
2. Fleury.

nifeste qui doit apprendre au peuple la révolution !

« Peuple de France,

« Pendant quinze siècles, tu as vécu esclave... de temps immémorial on nous répète avec hypocrisie : Les hommes sont égaux, et de temps immémorial la plus avilissante inégalité pèse insolemment sur le genre humain....... Nous sommes tous égaux, n'est-ce pas?... Eh bien, nous prétendons vivre et mourir égaux, comme nous sommes nés : nous voulons l'égalité réelle ou la mort... Et nous l'aurons, cette égalité réelle, n'importe à quel prix. Malheur à ceux que nous rencontrerons entre elle et nous ! Malheur à qui ferait résistance.... En vain essayez-vous de neutraliser en disant : Ils ne font que reproduire la loi agraire..... Nous tendons à quelque chose de plus sublime et de plus équitable, le *bien commun* ou la *communauté des biens*. Plus de propriété individuelle des terres : la terre n'est à personne... disparaissez enfin, révoltantes distinctions des riches et des pauvres ... qu'il n'y ait plus qu'une seule éducation, une seule nourriture.... Pourquoi la même portion et la même quantité d'aliments ne suffiraient-elles pas à chacun?.....

« Peuple de France, reconnais et proclame avec nous la *république des égaux.* »

Les rôles étaient distribués, le manifeste imprimé; les conjurés prenaient les dernières dispositions pour le lendemain quand ils furent arrêtés, leurs papiers saisis. Grisel, capitaine de l'armée, accosté un soir par l'un des conjurés ivre qui l'avait pris pour un complice, avait été mis au courant de tout. Après cet entretien, il en savait trop pour ne pas avoir à craindre pour sa propre sûreté si l'erreur était reconnue; l'imminence du danger l'engagea à feindre; il suivit son nouveau compagnon au Comité, paya d'audace, acquit la confiance des conjurés en rédigeant pour l'armée un manifeste anarchique, arriva à force d'adresse et de patience à savoir la demeure de chacun, le lieu des archives, et dénonça les coupables la veille de l'exécution. Les papiers saisis, les conjurés, arrêtés, furent livrés à une haute cour de justice qui condamna à mort Babœuf et Darthé, prononça la déportation contre Germain, Buonarotti, Cazeau, Moray, Blondeau, Bouin, Ménessier, Sylvain Maréchal.

L'idée babouviste, écrit Malon, survécut à ce désastre, grâce à l'activité de Buonarotti, il fut en France et en Italie l'inspirateur des sociétés de Charbonnerie, le conseiller de Mazinni, le propagateur des sociétés secrètes qui s'occupèrent plus tard de réforme sociale.

C'est au milieu de cette effervescence d'idées socialistes de la fin du XVIIIe siècle que furent élevés les patriarches du socialisme contemporain, Saint-Simon (1760-1825), Owen (1771-1858), Fourier (1772-1837) [1].

Plus audacieux que les philosophes, moins révolutionnaires que les babouvistes, ces réformateurs prétendirent refaire pacifiquement la société sur un plan soi-disant rationnel [2]. Les saint-simoniens firent grand bruit de 1825 à 1830; ils avaient rallié à leur doctrine des hommes dont le nom appartient à l'histoire intellectuelle de notre siècle : Enfantin, Bazard, Aug. Comte, P. Leroux, Pereire, Augustin Thierry, de Lesseps, Carnot, Arlès Dufour, Rouland, A. Gueroult, Transon, Félicien David..... Le réformateur ne survécut pas à son triomphe ; entre les mains de ses disciples, la doctrine devint la *réhabilitation de la chair* et la *sanctification de la*

1. Feraz, Saint-Simon, *Études sur la philosophie française au* XIXe *siècle*.

2. Saint-Simon commence en 1803 ses études de réforme sociale dans les *Lettres d'un habitant de Genève*. Fourier expose dès 1808 dans la *Théorie des quatre mouvements* les principes de son système.

Ces premières ébauches attirèrent d'abord peu l'attention publique; les théories de Fourier sur le bonheur dans la liberté amoureuse n'étaient même pas nouvelles; c'était l'époque où de Sénancourt faisait l'apologie des unions d'Otaïti.

Owen parut en 1812 avec un système de communisme mitigé.

Saint-Simon n'arrive au développement définitif de sa doctrine qu'avec son *Nouveau christianisme* (1825). Ses idées eurent dès lors un retentissement considérable.

beauté; finalement le temple de la secte fut fermé par la police, et le grand maître Enfantin traduit en police correctionnelle (1833).

Au moment où la première école socialiste de notre siècle finissait misérablement devant la police correctionnelle, Fourier ralliait les esprits préoccupés de réforme sociale. Ses idées exposées depuis longtemps s'étaient fait jour à travers la révolution de 1830. Un organe quotidien, le *Phalanster*, les propageait, et la dissolution du cénacle saint-simonien lui amenait de nouveaux adeptes : Victor Considérant, Krantz, Godin, Cemano, Transon, Cantagrel, Victor Meunier, Othins, Bergeron.... La tentative que fit Fourier de réaliser ses théories dans le phalanstère de *Condé-sur-Vesques* fut un échec auquel il survécut peu; sa doctrine n'en continua pas moins à préoccuper les esprits, et ses disciples continuèrent jusqu'en 1848 à développer les idées du maître.

A peine Fourier est-il disparu, qu'une pléiade de jeunes socialistes entrent dans l'arène : c'est Cabef, Vidal, P. Leroux, Proudhon. Dès lors, les écrits socialistes se multiplient de jour en jour. Proudhon, qui a débuté comme Rousseau par un paralogisme audacieux : « La propriété, c'est le vol, » est l'un des plus puissants lutteurs, et ne ménage ni alliés ni adversaires, portant aux uns et aux autres les coups les plus implacables. Les révolutionnaires d'Etat,

Blanqui et Huber, se font à leur tour socialistes. Les romanciers prêtent leur concours aux théoriciens : Eug. Sue et G. Sand contribuent pour leur part à la propagation des haines sociales. La révolution de 1848 est l'explosion des idées socialistes; vaincues en 1848 et en 1871, elles continuent à pervertir les esprits et attendent leur revanche.

C'est du mouvement socialiste français qu'est né le socialisme européen. Ce fut un fouriériste, le tailleur Weitting[1], qui rapporta en Allemagne vers 1840 les idées subversives et qui commença à agiter les ouvriers par ses brochures. Les philosophes, Karl Marx entre autres, se jetèrent dans le mouvement et donnèrent aux aspirations populaires une forme doctrinale.

Ce ne fut cependant qu'en 1862 que se fit l'union des prolétaires et des philosophes par l'intervention de Ferdinand Lasalle, qui fut jusqu'à sa mort (1869) un grand agitateur socialiste.

A part l'Angleterre [2] et l'Italie, dont le mouvement socialiste a une origine autonome, les autres pays de l'Europe [3] n'ont vu apparaître les doctrines socialistes qu'avec l'Internationale.

1. Vinterer, *Révolution française*, art. de Malon.
2. Owen au commencement du siècle, plus tard les chartistes portèrent en Angleterre les idées socialistes. Le socialisme a jusqu'à présent peu de succès en Angleterre. Nous verrons plus tard pourquoi.
3. Vinterer, *passim*.

C'est à la suite des congrès de Liège et par l'action de l'Internationale que le socialisme s'organisa en Belgique (1866-67); il passa de là en Hollande. La révolution de 1868 en Espagne permit au Comité central de Londres et au congrès de Genève de faire un appel aux prolétaires espagnols, et des sections internationales furent bientôt organisées [1]. Bakounine réussit à se mettre à leur tête, et l'on put bientôt constater les terribles ravages de la doctrine : « Le 13 février 1873, 30,000 prolétaires se réunirent à Barcelone, et le 16 ils décrétèrent quelles seraient désormais les conditions du travail... A Malaga, on désarma la garnison, on incendia les casernes et on proclama la république fédérative. Dans l'Estramadure les paysans insurgés s'emparèrent des biens communaux et se les partagèrent. Dans la province de Badajoz les paysans chassèrent ou destituèrent plusieurs municipalités et s'emparèrent des biens des grands propriétaires... le Comité de salut public réduisit de moitié les redevances des baux.... San-Lucar, Cadix, Séville, Carthagène, Grenade et d'autres villes s'insurgèrent... le sang coula de tous les côtés. » On connaît la résistance de Carthagène [2]. C'est encore la commune que tentent en

1. En 1869, l'Internationale avait 196 sections et 20,000 membres. (Vinterer.)
2. Vinterer, p. 89.

divers endroits les socialistes d'Espagne ; les ministres qui réprimèrent l'insurrection furent plusieurs fois sur le point de voir leur demeure incendiée par des produits explosibles.

C'est à la suite de l'insurrection parisienne que l'Internationale s'organisa en Danemark et en Portugal.

En Italie, Mazzini et un certain nombre de sectaires organisèrent dès le commencement du siècle des affiliations secrètes dont le but était plutôt politique et antichrétien que social. L'unité italienne fut longtemps le programme des conspirateurs ; la république italienne l'est peut-être aujourd'hui. Un reste de foi et la facilité de la vie sous un climat toujours clément contrarient en Italie la propagation des haines sociales. Aujourd'hui, on en veut peut-être plus au roi et au pape qu'à la société ; le jour où Mazzini se sépara de l'Internationale, celle-ci perdit toute autorité dans la péninsule ; il est difficile de dire quel prestige elle a reconquis depuis.

VII

ORIGINE PHILOSOPHIQUE ET MORALE DU SOCIALISME

De tout temps, les idées socialistes ont été présentées; depuis dix-huit siècles, il n'est presque aucune époque qui ne les ait vues essayées par une secte ou par une autre. Successivement hérésies, romans, thèses philosophiques, ces idées ont un fondement naturel. Il y a, dans le monde, des misères, des infortunes, des gens qui souffrent. Ce spectacle affligeant émeut, et les âmes généreuses y cherchent un remède. Les idées socialistes plus ou moins complètes se sont toujours présentées comme un moyen de supprimer la misère, l'infortune, la souffrance, comme un moyen d'organiser la société sans ces calamités.

Morelly réduit tous les vices à l'avarice ou à l'égoïsme individuel, qui s'incarne dans l'esprit de propriété, cause unique de toutes les souffrances sociales. « Là où n'existerait aucune propriété, dit-il, il ne pourrait exister aucune de ses pernicieuses conséquences[1]. »

Saint-Simon voit la source des misères et des souffrances sociales dans le manque de conception d'ensemble, l'opposition des idées scientifiques et chrétiennes; il prétend y porter remède par une organisation harmonique bâtie sur une nouvelle religion scientifique en rapport avec l'état actuel de l'humanité. Les législateurs anciens se sont uniquement préoccupés de la matière et ont émancipé l'esprit. Saint-Simon vient unir et réconcilier ces deux moitiés de notre être.

Fourier déclare que les maux dont souffre la société viennent d'une science incomplète des lois universelles dont il donne le premier l'expression générale. La fausse science avait élevé la religion sur l'austérité et la morale sur la lutte contre les passions; la vraie science doit suivre les lois naturelles de l'homme; les passions sont bonnes : c'est parce qu'il les combat que l'homme se rend malheureux. Fourrier vient donc fonder la morale sur l'attraction passionnelle et la religion sur la volupté.

Pierre Leroux fait dériver tous les maux de ce

1. Sudre, p. 206.
2. Fèraz.

fait que le principe de l'unité du genre humain n'est encore ni bien compris ni bien appliqué; le vrai principe de la morale doit être la solidarité. Pour rendre les hommes heureux, il veut établir une nouvelle religion en harmonie avec les derniers résultats de la science, et faire régner les principes d'égalité, de liberté, de fraternité.

Pour tous les socialistes, le point de vue change, mais la cause est la même.

L. Blanc accuse la société « de faire obstacle à l'entier développement de l'être humain et de lui refuser la satisfaction des besoins inhérents à son organisation particuliére [1]. »

Colins trouve le mal « dans l'absence de vérité sociale absolue et le monopole des développements des intelligences [2]. »

Proudhon déclare la société bâtie sur un principe faux emprunté à la famille, l'*autorité*, et voit la fin des misères et des souffrances dans la reconstitution sociale sur un ordre naturel, conçu suivant la science et le travail [3].

Godin Lemaire accuse la société de violer la justice en méconnaissant les droits du travail; de là les tiraillements, les oppressions, les souffrances [4].

1. *Hist. de la révol. de* 1848, I, 147.
2. Malon, p. 182.
3. Malon, p. 198.
4. Malon, p. 222.

La presse socialiste répète chaque jour ces critiques contre la société et contre ses institutions.

Le mal, la misère, la souffrance, sont le fondement éternel des doctrines qui se proposent de réformer la société de toute pièce pour supprimer ces spectres douloureux avec lesquels nous vivons. Rien n'est beau et digne de l'homme comme de compatir à la misère, de chercher à la secourir ; rien n'est grand comme de se dévouer au soulagement des malheureux. Aimer, consoler, atténuer les souffrances de l'infortune, c'est sublime ; mais faire supprimer à tout jamais la hideuse misère, ah ! n'est-ce point un rêve ? La misère n'est-elle pas aussi inévitable que le vice, dont elle est si souvent, sinon la compagne, du moins l'héritière ? Redoutable question qu'il faut préalablement trancher ! Avant de détruire une société qui vit avec la misère, êtes-vous bien sûrs que la nouvelle société que vous lui substituerez ne fera pas surgir dans son sein des misères égales ou plus grandes ? On ne change pas un ordre social, on ne bouleverse pas de fond en comble des institutions séculaires, sans affliger l'humanité de souffrances cruelles. Savez-vous si les misères et les souffrances occasionnées par la liquidation sociale ne seront pas pires que le mal auquel vous voulez porter remède ?

Prenez-y garde, démolisseurs de toute école

n'allez-vous pas, comme l'enfant de La Fontaine, jeter un pavé à la tête d'un dormeur pour le débarrasser du chatouillement incommode d'une mouche ?

La misère, le mal peuvent se pallier ; l'humanité les a toujours vus à ses côtés ; démontrez d'abord qu'ils peuvent se supprimer. Démontrez que les passions humaines seront désormais impuissantes à les produire ; démontrez que le conflit des volontés et des ambitions sera sans conséquences fâcheuses.

Cette démonstration, nul ne l'a tentée. On aura beau mettre les passions dans l'ordre, il y aura toujours entre les hommes des ambitions, des égoïsmes, des vengeances, de folles amours, qui engendreront la misère, la souffrance. Il faudrait supprimer les passions pour supprimer la misère ; mais que peuvent sur les passions les lois, les règlements, les institutions ? Dès qu'elles deviennent gênantes, l'homme les brise, les esquive ou les viole[1].

Il y a de nos jours bien des misères dans la classe ouvrière ; mais combien de fois l'ouvrier

1 Tel qui gagne des journées de 7 francs dissipe deux jours par semaine à dépenser en divertissements folâtres et en plaisirs malsains le profit des quatre autres jours ? Combien n'y en a-t-il pas dont les forces sont brisées par l'abus des boissons, dont la famille est réduite à la misère par une conduite déréglée !

n'a-t-il pas à se reprocher d'avoir dissipé son argent et ses forces dans les cabarets et dans la débauche[1]?

1. De hautes vérités morales sont seules capables d'imposer à l'homme la contrainte de la vertu. On l'a dit depuis longtemps : Ce ne sont pas les bonnes lois qui font les bonnes mœurs, ce sont les bonnes mœurs qui font les bonnes lois.

VIII

POURQUOI LE SOCIALISME QUI EST VIEUX COMME LE MONDE A PRIS A NOTRE ÉPOQUE UNE EXTENSION AUSSI GRANDE.

La cause et l'exposé des doctrines socialistes sont de tous les temps. Pourquoi donc de nos jours ces doctrines ont-elles un retentissement, une force d'expansion qu'elles n'avaient point encore possédées?

La cause en est double : elle est morale et matérielle :

La cause morale, j'en laisse l'exposé à un socialiste : P. Leroux.

« — Puisqu'il n'y a plus rien sur la terre que des choses matérielles, des biens matériels, de l'or et du fumier, donnez-moi donc ma part de cet or et de ce fumier, a le droit de vous dire tout homme qui respire.

« — Ta part est faite, lui répond le spectre de société que nous avons aujourd'hui.

« — Je la trouve mal faite, répond l'homme à son tour.

« — Mais tu t'en contentais bien autrefois, dit le spectre.

« — Autrefois, reprend l'homme, il y avait un Dieu dans le ciel, un paradis à gagner, un enfer à craindre. Il y avait aussi sur la terre une société. J'avais ma part dans cette société, car j'étais sujet, j'avais au moins le droit de sujet, le droit d'obéir sans être avili; mon maître ne me commandait pas sans droit, au nom de son égoïsme; son pouvoir remontait à Dieu, qui permettait l'inégalité sur la terre. Nous avions la même morale, la même religion. Au nom de cette morale et de cette religion, servir était mon lot, commander était le sien. Mais servir, c'était obéir à Dieu et payer de mon dévouement mon protecteur sur la terre. Puis, si j'étais inférieur dans la société laïque, j'étais l'égal dans la société spirituelle qu'on appelle l'Eglise..... Et cette Eglise encore n'était que le vestibule et l'image de la véritable Eglise, de l'Eglise céleste, vers laquelle se portaient mes regards et mes espérances... Je supportais pour mériter, je souffrais pour jouir de l'éternel bonheur... J'avais la prière, j'avais les sacrements, j'avais le saint sacrifice, j'avais le repentir et le pardon de mon Dieu. *J'ai perdu tout cela.*

« Je n'ai plus de paradis à espérer, il n'y a plus d'Eglise [1]. Vous m'avez appris que le Christ était un imposteur; je ne sais s'il existe un Dieu, mais je sais que ceux qui font la loi n'y croient guère et font la loi comme s'ils n'y croyaient pas. Donc je veux ma part de la terre. Vous avez tout réduit à de l'or et du fumier, je veux ma part de cet or et de ce fumier.

« Pourquoi parler d'obéissance? pourquoi parler de maîtres, de supérieurs? Ces mots-là n'ont plus de sens. Vous avez proclamé l'égalité de tous les hommes, donc je n'ai plus de maître parmi les hommes. Mais vous n'avez pas réalisé l'égalité proclamée.... *Vous m'avez ôté le paradis dans le ciel, je le veux sur la terre* [2]. »

Autrement dit, le bon sens populaire est d'une logique inexorable : il sait que l'homme est fait pour le bonheur, il le sent; du moment qu'on lui a fait croire qu'il n'y a pas de vie future, il réclame le bonheur en cette vie, sans égard pour les bouleversements, les révolutions, les contradictions qui peuvent se trouver sur son passage; du principe il tire le but et y marche droit, plus conséquent en cela que les philosophes qui l'ont enseigné, qui reculent devant les conséquences de

1. La société moderne, représentée par le rationalisme libre penseur et le matérialisme.

2. Pierre Leroux, *Œuvres*, t. I, p. 22.

leur principe et refusent d'en admettre la déduction logique. « Le but de la Révolution, disait Babœuf, est de rétablir le bonheur de tous [1]. » Tous les socialistes l'ont répété avec lui.

Cette cause morale de l'extension des doctrines, les socialistes ne font pas difficulté d'en convenir. « A quoi bon, disait au congrès de Lyon (1878) le citoyen Ballivet, rêver d'un paradis au-dessus des nuages lorsque ce paradis nous l'aurons sur la terre? En effet, qu'est-ce qu'elle promet la religion? la cessation de tous nos maux, la réalisation de l'égalité, de la fraternité, du bien-être pour tous... Qu'est-ce que nous voulons obtenir par la révolution sociale? l'égalité, la fraternité, le bien-être pour tous... Ce qu'elle nous promet, la religion après la mort, nous le voulons pendant la vie, et nous l'obtiendrons, citoyens. La religion n'aura plus alors de raison d'être, la révolution l'aura à jamais détruite [2]. »

La feuille socialiste *la Révolution* tient absolument le même langage : « L'intronisation d'un ordre de choses dans lequel le bien-être sera assuré également à chacun dès son vivant rendra inutile le paradis imaginaire d'après la mort... le paupérisme disparaîtra par l'égalité des moyens de développement, d'action et de production assurée

1. Malon, p. 29.
2. *Etudes religieuses*. Congrès de Lyon, avril 1878.

socialement à chacun et à tous; ou pour avoir, pour restaurer la tranquillité dans la vie publique et privée, il faudra repeupler le ciel, recréer Dieu, et — ce qui est plus difficile — la foi en ce Dieu personnel et législateur, laquelle peut *seule* réconcilier les pauvres avec leur sort dans l'espérance de récompenses éternelles [1]. »

Jouir de la vie, jouir le plus possible, jouir de tout, voilà en effet le but moral du socialisme; il le proclame hautement, et il faut reconnaître qu'il est logique, du moment qu'on ne croit plus ni en Dieu ni dans la vie future. Le socialisme n'a pu envahir que les masses dans lesquelles la foi religieuse a disparu; aussi voyons-nous les chefs se plaindre du peu de progrès qu'il a fait en Angleterre et en Hollande [2], pays où la foi est encore vive dans toutes les classes. Pour que le socialisme prospère, écrit un organe allemand, le *Vorwart*, « il faut certaines dispositions morales, une certaine atmo-

1. 17 janvier 1879.

2. Fribourg (*Enquête* 18 *mars*, p. 572) déclarait que les internationalistes avaient toujours été moins nombreux en Angleterre qu'en France.

« Le *Vorwart* publie deux correspondances...... L'une se plaint de ce qu'elle appelle la superstition religieuse du peuple anglais et n'hésite pas à voir là l'obstacle le plus difficile à surmonter. » (Vinterer, p. 62.)

« Le *Vorwart* attribue la stagnation du mouvement socialiste en Hollande au manque d'énergie intelligente des agitateurs, et surtout au sentiment religieux de la population. » (Vinterer, p. 13.)

sphère spirituelle; il faut que l'on ait extirpé de la tête du peuple les vieux préjugés, et principalement les mythes et les dogmes que l'on appelle religion [1]. »

Ainsi, le socialisme n'est que l'application sociale des doctrines matérialistes. La propriété, la famille, la religion, l'Etat sont des obstacles à la jouissance; on les supprime : il faut réaliser le bonheur en cette vie.

A cette cause morale se joint une cause matérielle : de tout temps, il y a eu de la misère, des souffrances; mais de nos jours la misère et les souffrances de l'ouvrier ont un caractère particulier. Dans la classe ouvrière, l'enfant issu souvent d'une union momentanée est ou abandonné de ses parents ou exploité par eux. On le fait travailler avant qu'il soit formé, pour en tirer un profit; heureux quand il n'est pas frappé, privé de nourriture, chassé de chez ses parents. Ne recevant ni éducation ni affection de ceux qui lui ont donné le jour, il apprend le mal tantôt par le fait de ses parents, tantôt par celui de ses compagnons d'atelier [2]. Aspirations grossières, passions brutales et violentes, voilà les seuls sentiments qui germent en lui; jamais on ne lui a appris à combattre ses passions, à restreindre ses désirs; il ne croit à rien; il

1. Vinterer, p. 83.
2. Voir les statistiques criminelles.

devient homme sans avoir connu seulement la honte du mal. Tout ce qu'il y a en lui de force et d'intelligence est oblitéré par une corruption précoce, tout ce que son âme pouvait avoir de délicatesse et de générosité a été étouffé par l'habitude d'un cynisme grossier. A jamais incapable de sacrifice ou d'abnégation, de dévouement ou d'élévation dans les sentiments, il assouvit des instincts qu'il n'a jamais refrénés ; il se vautre dans la fange dont il n'a jamais senti la puanteur, et, misérable, égoïste, brutal, passionné, ivrogne, n'aspirant qu'à jouir, il travaille le moins possible, sans scrupule ni conscience, maudissant la société qui lui donne des supérieurs, maudissant la religion qui condamne ses passions, maudissant les hommes qui ont horreur de son cynisme et de sa brutalité. Une occasion l'envoie devant les cours d'assises, et tout mouvement révolutionnaire trouve en lui un adhérent.

Quand la famille ouvrière existe, l'enfant n'est pas toujours mieux élevé ; il ne voit ses parents que le soir ; encore le père quitte-t-il le foyer, ses repas finis, pour aller au cabaret, au bal, au spectacle ou au club. L'enfant est bien envoyé à l'école ; mais les parents s'occupent peu de sa moralité. On ne s'inquiète pas de ce qu'il fait les dimanches et entre les classes ; il fréquente de mauvais camarades dans les terrains vagues, loin de tout regard et de toute surveillance ; il poursuit de ses plaisanteries dans les chantiers mal clos les écolières trop libres que leurs parents laissent vagabonder. L'enfant corrompu fait sa première communion avec indifférence, sans qu'il s'opère en lui de changement notable ; on le place en apprentissage ; libre à lui dès lors de sortir le soir, de fréquenter qui il lui plaît ; son père ne sera-t-il pas parfois le premier à lui montrer le chemin du vice ? La première éducation est encore manquée ; les instincts mauvais se sont seuls développés ; l'enfant a pu craindre son père, mais a-t-il trouvé en lui un exemple qui condamne le vice, une parole qui en détourne, une affection qui fasse aimer la vertu ? Rien n'a fait germer les sentiments élevés, rien n'a porté à la générosité. Homme fait, cet ouvrier travaille pour vivre, mange au jour le jour ce qu'il gagne, jouit de la réputation d'une certaine honnêteté, parce qu'il n'a ni tué ni volé ; mais, comme sa vie est monotone, comme il ne s'élève pas au-dessus des considérations matérielles, il s'ennuie et il maudit une société qui fait qu'il s'ennuie.

La famille a-t-elle suivi avec un soin vigilant le développement du premier âge, a-t-elle choisi une école sérieuse, a-t-elle commencé la formation morale de l'enfant par de bons conseils, de bons exemples, une surveillance vigilante, l'enfant est bon à sa première communion, plein d'aspirations généreuses qui ne demandent qu'à se développer ;

mais il échoue à l'atelier. Un ouvrier, un contremaître que cette candeur de treize ans irrite, lui apprend le mal, le corrompt. Ce sont des conversations affectées autour de lui, bientôt des questions; on lui donne des livres, des gravures; s'il résiste, on se moque de lui; la complicité des compagnons s'ingénie à le mettre en faute vis-à-vis du patron; il est grondé, menacé; on lui fait entendre qu'il sera en butte à des vexations qui amèneront la colère du patron tant qu'il ne sera pas comme les autres. Seul, sans appui, sans soutien, comment ne cédera-t-il pas? Et le voilà entré dans la voie funeste : il ira au cabaret, au bal; il lira les mauvais livres. Dégradé à ses propres yeux, sans consolation, sans secours, il descend la pente glissante sur laquelle on l'a entraîné. Il boit, se débauche, s'abrutit et se trouve ainsi jeté dans l'abîme socialiste et révolutionnaire.

Faute d'éducation première, par la désorganisation ou l'absence de la famille, l'ouvrier de vingt ans est aujourd'hui un jeune homme corrompu, blasé. Il a demandé à tous les vices les jouissances qu'ils promettent; son cœur ne connaît ni les affections durables sur lesquelles repose l'harmonie de la famille [1], ni les sentiments généreux qui font faire des

1. M. Le Play signale des corps d'état entiers dans lesquels le concubinage est l'état commun.

sacrifices pour l'avenir des enfants [1]. Son intelligence, épaissie par l'abus des boissons et des voluptés, est incapable de s'élever au-dessus de la matière; dominé par les appétits charnels, il ne croit même pas à la vertu [2]. Égoïste et présomptueux, l'ouvrier ne songe qu'à lui-même et ne met rien de côté pour l'avenir ou pour les siens; il prétend tout savoir d'intuition, et aucune question, aucun problème politique ou économique ne l'arrêtera. Il vit au jour le jour, ne sachant ni se priver ni prévoir; il s'use en sacrifiant toujours à ses passions; aussi la misère le recueille-t-elle fatalement quelque jour.

La grande industrie, telle qu'elle s'est constituée en notre siècle, a contribué pour une large part à ce mal, répudiant les traditions séculaires qui établissaient entre maîtres et ouvriers la solidarité, l'affection, le patronage, les liens religieux; elle s'est organisée au point de vue purement productif, sans égard pour les devoirs et les responsabilités morales qui pouvaient incomber aux maîtres. Ces devoirs et ces responsabilités d'ailleurs, sur qui re-

1. L'ouvrier n'a pas de prévoyance; il dépense au cabaret ce qu'il gagne. Il y a des ateliers à Paris où sur six ouvriers il n'y en a jamais que quatre qui travaillent. C'est l'habitude de prendre deux jours pour manger et dépenser le produit du travail des quatre autres jours.

2. L'absence de croyance en la vertu est un des traits les plus frappants et les plus généraux de la classe ouvrière.

tomberaient-elles, le maître ayant la plupart du temps disparu pour faire place à un capital anonyme sans cœur et sans entrailles, vivant loin des ouvriers, et ne voyant dans l'industrie que les profits? Les directeurs, ingénieurs... qui vivent près des ouvriers, sont eux-mêmes des salariés; leur position, leur avancement dépend des profits, et les actionnaires sans cesse renouvelés qu'ils réunissent une fois par an leur sauraient fort mauvais gré de déprécier leurs titres en diminuant les profits pour améliorer la condition des ouvriers. On ne connaît dans l'usine qu'un travailleur; on ne s'en occupe pas en dehors des heures de travail; il est engrené comme une roue dans la confection; son rôle se borne à être une force intelligente dirigeant des forces mécaniques. Lui ou un autre, peu importe; ce qu'on connaît, ce qu'on réclame, c'est sa force et non sa personne, à laquelle nul ne fait attention.

L'organisation industrielle ne tient nul compte de l'être moral; elle ne voit que la force intelligente; elle n'a donc rien fait pour sauvegarder, protéger l'être moral. L'ouvrier sent cette situation avilissante; il faudrait être un saint pour ne pas s'aigrir d'un ensemble de faits qui traite les hommes comme des forces. L'ouvrier voit les fortunes des capitalistes doublées, triplées par son travail, sans que sa situation s'améliore, et dès que des difficultés surgissent, dès que les bénéfices diminuent, ce n'est pas au capital industriel triplé qu'on demandera de supporter les pertes, c'est à l'ouvrier, auquel on impose une diminution de salaire[1].

L'éducation viciée d'une part qui porte l'ouvrier à ne vivre que pour la jouissance et le plaisir, la mauvaise organisation industrielle qui oublie en lui l'être moral, la désorganisation de la famille ouvrière, les inconvénients d'un capital anonyme sans responsabilité, voilà les causes matérielles qui aggravent la misère. L'ouvrier va à la misère par ses passions, des institutions défectueuses le laissent livré absolument à lui-même; par leurs tendances, elles ont le privilège d'aigrir son caractère, de lui inspirer la haine de la fortune, la haine du capital, la haine de tout ce qui possède. Misère matérielle d'une part, haine contre la société de l'autre, voilà

1. A propos d'une grève survenue dans les Vosges, un journal socialiste disait en février 1879 :

« Voilà dix ans, vingt ans peut-être, que, par suite de la différence entre les valeurs par eux créées et le taux de rémunération de leur travail, les travailleurs de cette partie des Vosges ont entassé millions sur millions dans la caisse des héritiers Perrin; et à la moindre réduction des bénéfices de ces messieurs, ils n'entendent pas laisser réduire le morceau de pain que représente leur salaire.

« Puisque vous avez empoché les profits, à vous à subir les pertes, — si pertes il y a, — déclarent-ils à leurs employeurs.

« Et, nous le répétons, comment donner tort à une affirmation aussi motivée du droit ouvrier? »

le double résultat de l'organisation actuelle; c'est par là qu'elle donne prise aux idées socialistes.

Il y a heureusement de notables exceptions à la situation que nous avons dépeinte; il y a des patrons chrétiens qui ont vu le mal et qui ont organisé le patronage dans leurs ateliers, mis à la disposition des ouvriers des institutions de prévoyance, régularisé le salaire, contribué à la réorganisation de la famille ouvrière; on peut citer parmi plusieurs autres les noms de MM. Harmel, Mame... mais à l'heure actuelle ce sont des exceptions, qui disparaissent généralement avec les hommes. Les hommes passent, les institutions demeurent. De notre temps, malheureusement, le succès repose plus sur les hommes que sur les institutions; c'est une des grandes causes d'instabilité.

Il y a également, mais en bien petit nombre, des ouvriers chrétiens qui élèvent leurs enfants dans les principes religieux et qui réussissent, grâce au concours des patronages et cercles catholiques, à préserver leurs enfants de l'influence des mauvais ateliers. Malheureusement les bons ateliers sont rares, et malgré la sollicitude des familles et des patronages, beaucoup de jeunes gens finissent par se laisser entraîner par de funestes exemples dans le chemin du vice.

IX

LES PROJETS SOCIALISTES

Nous avons vu l'histoire, l'origine, la cause du socialisme ; nous avons résumé son programme destructeur, mais on ne peut détruire, comme le disait Danton, que ce qu'on peut remplacer. Les socialistes savent ce qu'ils veulent démolir ; leur programme est clair, précis, formel : la propriété, la famille, l'État, la religion dans leur organisation actuelle, doivent disparaître ; mais où les socialistes savent moins bien ce qu'ils veulent, c'est quand il s'agit de préciser par quoi on remplacera ce qu'on aura détruit. « Où l'on veut aller? dit la *Révolution française* [1], tout le monde le sait ; là dessus, accord complet. Mais les voies et moyens? Là est toute la question. Là aussi commencent les difficultés, les systèmes, les passions, et vous voyez se dresser de

1. 16 février 1879.

chaque côté de la route une multitude de poteaux indicateurs avec des étiquettes en *isme* des plus variées : collectivisme, mutuellisme, positivisme, fédéralisme, anarchisme, individualisme... et même des sous-étiquettes, qui toutes s'affirment comme indiquant seules la véritable recette pour la solution de la question sociale. »

Les systèmes complets de réorganisation sociale qui ont successivement vu le jour depuis le commencement du siècle sont d'une conception folle, d'une imagination déréglée qui tourne au ridicule [1]. L'exposé de ces systèmes chimériques serait presque une arme contre le socialisme; aussi a-t-on reconnu la nécessité de laisser de côté les plans détaillés, les organisations complètes; il est plus facile de s'entendre sur le terrain du combat, de l'assaut des institutions actuelles, et l'on risque moins de paraître impossible et ridicule en laissant dans l'ombre, en réservant à l'avenir le détail d'exécution pratique. Aujourd'hui, le socialisme renonce aux exposés à la Saint-Simon et à la Fourier, pour s'en tenir aux principes généraux; chacun y peut voir plus facilement la réalisation de ses espérances. Trois écoles partagent le socialisme; disons tout d'abord que toutes trois sont d'accord pour démolir préalablement la famille,

1. Voir un exposé sommaire, documents annexes.

l'État, la religion, la propriété ; leur divergence ne paraît que dans les moyens à employer pour réaliser la destruction ou dans les institutions à substituer aux institutions actuelles.

Les mutuellistes veulent le partage des propriétés et l'égalité des fortunes, chacun devenant propriétaire d'un même capital.

Les collectivistes veulent la confiscation de la propriété et des capitaux au profit de l'État, qui deviendrait seul propriétaire et prêterait des capitaux à chacun suivant le bon plaisir des gouvernants.

Les fédéralistes substituent à la propriété de l'État la possession des capitaux par les communes ; celles-ci, indépendantes les unes des autres, pourraient se fédérer entre elles comme il leur plairait.

A ces trois régimes de propriété qui divisent les socialistes, il faut ajouter la divergence des moyens proposés pour réussir. Les fédéralistes sont généralement anarchistes et veulent arriver par la révolution sanglante. Les collectivistes préfèrent la voie pacifique et cherchent à arriver légalement par la prédominance du parti socialiste dans les assemblées parlementaires. Les mutuellistes sont peut-être plutôt pour la révolution qui mettrait le pouvoir de l'État entre leurs mains. Sans vouloir, comme les anarchistes, l'incendie et le massacre général, sans demander table rase, ils ont peu confiance dans les succès parlementaires et favorisent toute révolution qui peut avoir chance de faire tomber le pouvoir entre leurs mains.

De cette diversité de moyens et même de buts proposés par les réformateurs, faut-il conclure à l'impuissance du socialisme? « Non certainement, répond le socialiste B. Malon. Avant de construire, il faut des matériaux ; avant de constituer, il faut des éléments, et, comme toutes les choses humaines, le socialisme doit avoir sa période de recherche et d'accumulation. Cette œuvre de préparation est à peu près faite aujourd'hui, et notre tâche est de classer, expérimenter, coordonner. C'est bien ainsi que l'ont compris les fondateurs et les adhérents de l'*Internationale, cette grande personnification du socialisme* agissant et vivant, en qui se sont absorbées, pour y être transformées, toutes les manifestations du socialisme théorique. Ils se sont bien gardés de s'inféoder à une secte quelconque, croyant avec Saint-Simon... admirant Fourier... convaincus avec les babouvistes... approuvant Auguste Comte... reconnaissant avec Proudhon... les prolétaires élaborent publiquement et en commun les assises du monde nouveau. Ils bâtissent l'avenir [1]. »

1. B. Malon, p. 286 à 288.

X

LES SOLUTIONS SOCIALISTES SONT IMPRATICABLES

Le premier but du socialisme est d'assurer aux hommes le bonheur en ce monde [1].

Le bonheur ! mais il cesse d'être, dès qu'on en peut craindre la fin, mais il n'est pas réel dès qu'on peut désirer quelque chose de plus ! le bonheur, il exclut tout changement, toute inquiétude, toute souffrance ? Tant qu'il craindra la mort, l'homme peut-il avoir le bonheur ? Cette menace perpétuelle n'est-elle pas incompatible avec le bonheur ? Qui peut dire : « Dans huit jours, demain, dans une heure, je serai tel que je suis à l'heure présente, heureux, vivant, sain de corps et d'esprit ? » Dans une heure, vous serez peut-être mort, fou, idiot, paralysé, en

1. Outre les citations précédentes, voir les titres des élucubrations produites vers 1848 : Dubost, *A chacun une place au banquet de la vie;* Voisin, *Bien-être général pour tous ;* Kramer, *Anéantissement de tous les maux ou seul et unique bonheur des peuples.*

proie à d'horribles souffrances? Le bonheur, quand l'homme ne peut éviter l'ennui que par le changement, quand ses désirs assouvis ne font que faire naître de nouveaux désirs? le bonheur, quand la santé, l'affection, l'intérêt, l'ambition peuvent torturer cruellement? Le bonheur et la vie, si ces deux choses étaient compatibles, ils en eussent trouvé le secret ces Romains servis par des milliers d'esclaves, qui pour leurs plaisirs faisaient venir des oiseaux d'Asie, des fruits d'Afrique, des parfums de l'Inde, des poissons de Bretagne, qui d'un mot se procuraient les spectacles les plus raffinés, depuis la lutte sanglante d'homme à homme jusqu'à la danse la plus lubrique; ils n'avaient rien à se refuser : tout leur venait à souhait, et cependant ils déclaraient ne pas trouver le bonheur [1].

Les poètes, ces immortels interprètes des sentiments humains, ne se lassent pas de le répéter.

« Le bonheur! dès qu'il peut finir, il cesse d'être.

1. Ovide, *Métamorph.*, III, 136 :

> Dicique beatus
> Ante obitum nemo supremaque funera debet.

Horace, sat. II, 8 ,65 :

> Heu fortuna quis est crudelior in nos
> Te Deus? ut semper gaudes illudere nobis
> Humanis?... nunquam est par fama labori.

Sénèque, *De vita beata* : « Tous les hommes veulent être heureux, mais personne ne voit clair quand il s'agit d'examiner en quoi consiste le bonheur. »

Le bonheur fuirait des cieux si la crainte de le perdre y pouvait entrer.... le bonheur sur la terre! Mot d'orgueil! Où est la chose? J'ai cru le saisir, et je n'ai embrassé qu'une ombre... Nous nous étonnons tous les jours de trouver tant de différence entre le bonheur que nous cherchons et l'objet que nous avons confondu avec lui. Nos désirs sont accomplis, et nous ne sommes pas satisfaits. » (Traduction de l'Anglais Young, 1re *Nuit.*)

Gœthe n'a-t-il pas jeté à l'humanité le défi de trouver le bonheur pendant la vie, quand, dans son immortelle création de *Faust*, il fait conclure à son héros ce pacte solennel avec l'esprit infernal : « Si jamais je dis au moment qui passe : Arrête-toi, tu es si beau! alors je suis à toi. » Mèphistophélès fait goûter à Faust tous les plaisirs, toutes les jouissances de la vie, et, après s'être enivré de chacune, Faust ne trouve qu'un mot : « Passons! » Or ce Faust, dit Alex. Dumas, « c'est l'humanité... non pas celle d'un siècle ou d'un autre... mais l'humanité entière, telle qu'elle est, telle qu'elle sera longtemps et finalement. » Le bonheur, l'humanité l'a cherché en tout et partout; la philosophie, la science ne l'ont point donné; les plaisirs, les voluptés, encore moins; la gloire, le succès, pas davantage. L'égalité, la fraternité sont pratiquées depuis dix-huit siècles de la façon la plus sévère et la plus complète dans les monastères, et le bonheur ne s'y est point rencontré. Tout a été essayé, tout a été tenté, et nul n'a pu le dire, ce mot magique :

Le moment où je suis, je le veux éternel.

Bonheur et vie étant incompatibles, puisque l'homme appelle et désire le bonheur, il faut qu'il le trouve hors de la vie présente; sans quoi, seul en ce monde, il serait une contradiction perpétuelle, un terme sans fin, une activité sans but. La matière, les plantes, les bêtes réalisent leur fin, arrivent au terme de leur être, et l'homme serait à jamais incapable d'y arriver? l'homme, le plus parfait des êtres, serait la plus inconséquente des existences? Une pareille exception ne peut trouver son fondement ni dans les lois de la nature pour ceux qui ne croient qu'en elles, ni dans la providence divine pour ceux qui croient à la création, ni dans l'homme lui-même pour ceux qui ne croient que dans l'humanité. Il faut donc ou croire à une vie future, ou admettre un tissu d'absurdités, de contradictions et d'impossibilités.

Le socialisme veut éteindre la misère, supprimer la souffrance; belle et noble entreprise; mais est-elle réalisable! Nous l'avons déjà dit et nous le répétons, la misère subsistera tant qu'il y aura des passions mauvaises dans le cœur de l'homme. Tant qu'il y aura des égoïstes, des ambitieux, des jaloux, des débauchés, des paresseux, il y aura des injustices, des inégalités, des souffrances. Les lois peuvent punir les fautes, elles ne peuvent les empêcher; il faut donc renoncer à demander à une organisation matérielle la disparition des misères et des passions mauvaises. L'égalité absolue, fût-elle réalisée quelque jour, ne durerait pas une heure; pendant cette heure, les uns auraient perdu leur avoir au jeu, au plaisir, les autres l'auraient augmenté par leur travail. Supposez un instant tous les Français dotés de dix mille livres de rente, qu'en résulterait-il? Chacun serait obligé de ramoner sa cheminée, de faire sa vendange, d'allumer son fourneau, de cirer ses bottes, de labourer sa terre et de panser son cheval; le bonheur serait loin d'être réalisé : chacun serait obligé de se suffire à soi-même, et les avantages communs que procurent la diversité des situations et la division du travail seraient perdus pour tous.

Les socialistes français rêvent une organisation dans laquelle chacun serait propriétaire; comme il y a en France 38,000,000 d'habitants et 29,000,000 d'hectares répartis entre 14,000,000 de propriétaires fonciers, il faudrait d'abord déposséder tous les propriétaires, c'est-à-dire rendre malheureux plus d'un tiers de la nation. Il reviendrait ensuite à chaque citoyen 750 ares, propriété trop petite pour contenter qui que ce soit [1]. Il n'y aurait en

1. Il faudrait la moitié des 750 ares pour produire les

France qu'un cheval pour dix propriétaires, une vache ou un bœuf pour trois; chacun aurait son mouton et quelques volailles [1]. Tout le monde souffrirait de l'absence de ces services publics qu'un fort capital peut seul entreprendre.

Les socialistes étrangers sont pour la propriété collective de l'Etat ou de la commune; mais, dans le premier cas, ce sera la servitude de tous sous un despote anonyme, l'Etat; dans le second, ce sera la résurrection des entraves et des antagonismes entre les provinces, dont on fait un si grand crime à l'ancien régime et pour l'abolition desquels on bénit la Révolution. En Turquie, la proprieté est collective; le Sultan — c'est le nom de l'Etat sous cette longitude — possède seul toutes les terres; les peuples en sont-ils plus heureux? En Russie, il y a la propriété collective de la commune; mais cette propriété est si onéreuse, cette organisation si primitive, qu'il faut défendre sous des peines sévères la fuite du paysan, qui n'aspirerait, s'il le pouvait, qu'à partir pour une région où il pourrait posséder personnellement. Ce n'est que par la violation la plus despotique de la liberté individuelle qu'on

4 ou 5 hectolitres de blé dont un homme a besoin pour son pain; le tiers d'hectares restant devrait fournir les légumes, les plantes fourragères, le vin, les plantes industrielles.

1. Statistique de 1866 en France : espèce chevaline, 3,312,656; espèce bovine, 12,733, 178; espèce ovine, 30,217,825; volailles, 60, 146, 625; espèce porcine, 5, 817, 524.

maintient la population des communes collectives [1]. L'institution russe s'oppose d'ailleurs à toute création industrielle; elle ne peut s'appliquer qu'à une population uniquement agricole, qui trouve dans des provinces voisines ou à l'étranger les produits industriels dont elle a besoin. La commune

1. Voy. Dixon, *La Russie libre*, chap. 38.

« Ils possèdent la terre en commun, non pas chacun en vertu d'un droit personnel, mais au nom de tous. Un mari et sa femme constituent l'unité sociale reconnue par la commune, et tout ménage a droit à une part équitable des domaines de la famille : tant de bois, tant de terre pour le labourage, tant pour la culture des légumes, en proportion de ce que la propriété générale peut valoir à chacun. Après trois ans, tous les titres sont périmés, les allocations expirent, une répartition nouvelle a lieu. La superficie territoriale est divisée en autant de lots qu'il y a de ménages dans la commune; on tient compte de la qualité du sol et de la distance des champs aux habitations; on s'efforce de faire des compensations qui enlèvent tous les sujets de plainte. »

Voilà le système; en voici les accessoires indispensables :

Chap. 39. « Il n'est permis à aucun habitant de s'éloigner du village sans avoir obtenu l'autorisation du staroste (magistrat municipal élu), qui lui délivre un passeport et peut le rappeler aussitôt qu'il lui plaira sans avoir besoin d'en donner la raison. Le paysan doit obéir, sous peine d'être exclu de la commune, c'est-à-dire rejeté du sein de la société... Le staroste n'accorde de passeport que dans des cas très rares et pour un temps fort court : un mois, quelquefois un trimestre, jamais au delà d'une année. Ce congé limite d'une manière infranchissable la liberté civile; quand il expire, le paysan doit revenir dans sa commune; sinon, la police l'arrête comme vagabond... Les paysans des communes russes répartissent les impôts comme ils l'entendent, s'administrent eux-mêmes; ils forment un tribunal indépendant, frappent d'amende, condamnent au knout (en dépit des lois russes), bannissent, envoient en Sibérie ceux

russe, le mire, possède des étendues de terrain considérables pour un nombre restreint de familles; il faudrait commencer par supprimer au moins la moitié de la population de nos pays occidentaux pour rendre possible une organisation analogue. La population, le besoin d'industrie, le besoin de

qui se sont attiré l'animadversion de la commune... Il est incontestable (dit le narrateur) que souvent la justice est indignement et grossièrement travestie. Un abus plus démoralisant, plus scandaleux encore, consiste à extorquer de l'argent aux familles riches... Un brave homme par son esprit d'ordre et d'économie a su mettre de côté quelque argent; la connaissance de ce fait est répandue; il a été par trois fois cité devant le tribunal de son village (assemblée des électeurs), sous la vague prévention de procédés déloyaux que toujours il a expiés en payant une amende. Chaque fois il fut condamné au knout : il délia sa bourse pour s'épargner la honte et la souffrance. La somme versée fut immédiatement convertie en liqueurs fortes. Les membres d'un village qui ont prospéré par leur intelligence, leur opiniâtreté au travail, n'ont d'autre moyen de se garantir de ces extorsions que de prêter de l'argent aux chefs de famille de manière à tenir les meneurs en leur pouvoir... »

L'auteur parle ensuite des rivalités de clocher, de l'antagonisme entre les villes et les campagnes.

Empruntons à sir Makensie Wallace quelques détails complémentaires.

Russie, chap. VIII, le mire ou la commune : « En Russie, la possession d'une part de terre communale est souvent non point un privilège, mais une charge... La terre est si pauvre parfois qu'elle ne peut être louée à aucun prix... L'assemblée des électeurs (le mire) fixe l'époque des fenaisons et le jour où devra commencer le labour... elle décide si un nouveau membre sera admis dans la commune, s'il sera permis à tel ancien membre de changer de domicile; elle donne ou retire la permission de construire de nouveaux bâtiments... La commune empêche le paysan d'adopter un système de culture perfectionné.

la liberté individuelle, si fortement enraciné chez nous, sont des obstacles absolus à l'installation de la propriété communale collective.

Dans le système *alla Turqua*, où l'Etat, seul propriétaire, assurerait à tous le minimum indispensable à la vie, on peut se demander qui voudrait travailler? A cette objection, déjà faite par Aristote, Morus répondait : « Que n'avez-vous été à Utopie? » et Campanella : « L'amour de ces gens pour leur pays est inimaginable. » Cette difficulté, l'antiquité l'avait résolue par l'esclavage. En Crète, l'Etat nourrissait; les citoyens n'étaient pas tenus de travailler; mais l'Etat possédait un nombre d'esclaves bien supérieur à celui des citoyens. Que si l'Etat oblige chacun à travailler, la situation des individus sera, dans cet ordre de choses, plus rapprochée de celle des esclaves de Sparte et de Crète que de celle des citoyens libres de ces républiques. Un travail obligatoire paraîtra toujours plus insupportable qu'un travail libre rémunéré; la nécessité de travailler pour vivre, tempérée par la liberté de se reposer ou de se retirer pour vivre d'économies réalisées, semblera toujours une situation enviable à ceux qu'une loi d'Etat contraindra sans trêve ni repos à un travail obligatoire ; ce sera, sans jeu de mots, le travail forcé substitué au travail libre.

Aucun des systèmes socialistes sur la propriété ne soutient donc l'examen; aucun ne fera disparaître la misère; aucun ne contentera parfaitement les hommes.

En serait-il différemment des théories socialistes sur la famille, qu'on les appelle divorce par consentement mutuel ou amour libre?

« Un homme, dit Pascal [1], vit avec plaisir en son « ménage. Qu'il voie une femme qui lui plaise; « qu'il joue cinq ou six jours avec plaisir : le voilà « misérable s'il retourne à sa première occupa« tion. »

Les facilités de mœurs d'Otaïti, tant célébrées par les philosophes du XVIIIe siècle et présentées comme une réforme par les patriarches du socialisme, ne réussiraient qu'à établir l'antinomie de la pensée de Pascal. Combien d'hommes ne rencontrerait-on pas alors, malheureux de ne pouvoir posséder seuls l'affection d'une beauté qui a touché leur cœur! Misère de l'homme ici comme là, il sera toujours malheureux de ce qu'il n'a pas; il souffre de la liberté comme de la contrainte. Cette licence des mœurs, qui ne changerait rien aux misères de l'homme, aurait-elle au moins l'avantage d'élever la femme, de lui donner une égalité qu'on affecte de réclamer pour elle, une émancipation qu'on s'efforce de lui faire demander? L'histoire est là pour répondre. Plus l'homme se donne

1. *Pensées.*

de liberté vis-à-vis de la femme, plus elle est avilie, dégradée, dans son rôle social. A Otaïti, comme chez tous les sauvages qui ne connaissent plus les lois sacrées du mariage, la femme est la chose de l'homme : elle se vend, elle se donne, elle travaille pour faire vivre son mari, elle est dans la maison quelque chose comme une bête de somme. Chez des peuples un peu plus civilisés, comme les Perses, les Turcs, on la parque, on la vend, on s'en débarrasse en l'étranglant ou en la noyant quand elle gêne. En Grèce, où la polygamie fut tolérée, la femme est confinée à la maison, et le mari va chercher société dans les salons des *hétaïres*. A Rome et en Judée, où la monogamie est organisée, on voit la femme respectée, quoique soumise à une autorité maritale despotique, qui peut la juger, la répudier, la châtier [1]. La loi lui reconnaît des droits [2], quoiqu'elle soit soumise à une tutelle perpétuelle [3]. Ce n'est qu'avec le christianisme qu'apparaît dans l'histoire cette révolution morale qui élève la femme à l'égale de l'homme [4]. La femme

1. Troplong, *Influence du christianisme sur le droit civil des Romains*, p. 206.
2. *Le droit de tester :* Ulpien, frag. XX, 10. La loi mosaïque aussi.
3. *Tutelle perpétuelle des agnats :* Tite-Live, 39, 19 ; 34, 2.
4. Troplong., *loc. citat.* :
« Depuis l'extension du christianisme, les femmes ont pris dans la vie active une position qu'elles n'eurent jamais sous le règne du patriciat romain ou des Césars... Dans le

chrétienne obéit à son mari ; mais ce n'est plus par infériorité naturelle, ce n'est plus par inégalité de condition, ce n'est plus par despotisme marital; l'époux chrétien est un ami et non plus un maître, un guide affectueux, un conseiller généreux, un protecteur dévoué, et non plus un supérieur. Ce que l'antiquité n'a point vu, ce qui renverse les idées d'un pacha ou d'un musulman, ce qui serait crime dans l'Inde, folie en Chine, ineptie à Athènes ou à Memphis, les époux chrétiens en donnent le spectacle quotidien au monde : on voit désormais l'époux consulter l'épouse, s'inquiéter de ses moindres désirs, lui révéler ses chagrins, ses angoisses, ses espérances, et recevoir d'elle-même ses moindres confidences. C'est que, dans le christianisme, l'homme fait à la femme qu'il a choisie le sacrifice de sa liberté; le mariage devient pour le chrétien plus qu'un contrat, c'est un sacrement [1]. La famille chrétienne devient, comme le dit Frédérik Ozanam, « l'école du sacrifice [2] ». Ce fait a

système du christianisme, la femme a une mission à remplir : elle doit travailler comme l'homme pour le service du Seigneur; elle a la même dignité morale que l'homme ; si elle lui est inférieure en force, elle le surpasse en foi et en amour... »

Voir aussi Champagny, *La charité chrétienne dans les premiers siècles.*

1. Voir les belles pages de Frédérik Ozanam sur ce sujet : *Mélanges*, Du divorce, I.

2. « C'est au chevet du lit de sa femme, au berceau de son enfant, que l'homme apprend à se priver, à se con-

pour la vie sociale tout entière des conséquences énormes : « Quand les hommes vivent exclusive-« ment les uns avec les autres, ils en arrivent « bien vite à la grossièreté [1]; la société des femmes « les forme, les civilise, leur enseigne l'élégance, « la politesse; c'est elle qui leur donne la grâce, la « finesse; c'est elle en un mot qui fait le charme de « la société... Aussi les nations chrétiennes sont-« elles les seules chez lesquelles il y ait une société, « chez lesquelles les hommes et les femmes aient « l'habitude d'avoir des rapports de société [2]. »

Le jour où l'homme, rompant avec les traditions chrétiennes, s'accordera toute liberté vis-à-vis de la femme, qu'il décore cette liberté des noms de loi naturelle, d'émancipation de la femme, de divorce par consentement mutuel, la femme retombera dans son antique avilissement, les rapports sociaux entre hommes redeviendront grossiers; le bon ton, la politesse, la courtoisie et les vertus sociales qui font la supériorité de l'Europe disparaîtront peu à peu. Il suffit, pour s'en convaincre, de voir quelle situation est faite à la femme dans les ménages irréguliers : la concubine de l'ouvrier

traindre, à se dévouer, qu'il apprend à vivre pour autrui, non pas conditionnellement, non pour un temps, mais à perpétuité. » (Ozanam, *Du divorce.*)

1. La vie des casernes, les pensions d'officiers en sont un exemple frappant.

2. Paul Ribot, *Influence sociale des idées chrétiennes*, t. I, p. 58.

est plutôt une servante qu'une épouse; on l'exploite, on la menace, on la tient sous un joug de fer avec le perpétuel aléa d'un renvoi qui la jetterait dans la misère la plus affreuse [1]. Le socialisme, dans ses projets de « constitution familiale nouvelle [2] », n'est donc pas plus pratique que dans ses plans d'organisation collective de la propriété; il nous ramènerait vers la barbarie, au lieu de nous faire progresser dans la voie civilisatrice.

« La suppression des États parasites et oppresseurs » est-elle plus réalisable? Ce pouvoir central qu'on appelle gouvernement, disparut en France aux xe et xie siècles; il y avait bien un roi, mais son pouvoir était purement nominal; ses ordonnances n'avaient d'autorité que sur un territoire fort restreint. Que se passa-t-il alors? Partout les forts opprimèrent les faibles, partout le brigandage s'organisa; il suffit de construire une forteresse en pierre pour se proclamer seigneur d'une contrée et asservir les cultivateurs du sol à sa juridiction [3].

1. Voir, dans M. Le Play, *Monographie des ouvriers de l'Occident; la situation de la concubine chez le tailleur de Paris*, et dans plusieurs autres monographies. « L'état de concubinage condamne la femme à une dure dépendance et notamment à des travaux excessifs... Les malheureuses qui vivent avec eux leur coûtent moins cher qu'un apprenti et s'astreignent ou se laissent contraindre à un travail beaucoup plus assidu... »

2. Expression du socialiste B. Malon (*Exposé des doctrines socialistes françaises*, p. 102).

3. L'histoire montre que la noblesse danoise est issue des

L'absence d'autorité centrale, les guerres continuelles que se firent les suzerains issus d'un coup de force ou d'audace, rompirent les communications, isolèrent les provinces; il n'y eut plus de sécurité nulle part : les villes échappèrent à peine par leur organisation romaine à ces tyrannies locales qui s'installèrent partout; ce fut, au milieu de l'anarchie la plus complète, le règne de la force et de la violence [1].

L'absence ou la trop grande faiblesse d'un pouvoir central a toujours eu ce même résultat; les républiques italiennes du moyen âge, véritables

paysans qui construisirent des forteresses pour s'abriter des guerres civiles et des vexations des brigands. (*Univers. Danemark*, p. 100.)

1. L'histoire des premiers Capétiens montre bien cette situation :

A l'avènement de Hugues Capet, il y a en France 150 seigneurs battant monnaye (Hallam). — Henri Ier est sans cesse en lutte contre les comtes de Troyes, de Chartres, le duc de Bourgogne. — Sous Philippe Ier (1103), on n'ose aller de Paris à Étampes sans une forte escorte, à cause des seigneurs de Monthléry et de Montmorency (Vely). — Louis VI combat les seigneurs de Monthléry, La Ferté-Alais, Corbeil, Montmorency, Chevreuse, Puiset, Coucy, Gournay. — Au xe siècle, les communications sont si peu fréquentes qu'un abbé de Cluny refuse d'envoyer des moines à Saint-Maur, près de Paris, pays étranger et inconnu (Robertson). — Au commencement du xIIe siècle, les moines de Ferrières et de Tournay se cherchent pour des intérêts communs et ne se rencontrent que par hasard (Robertson). — Les famines des années 821, 843, 845, 861, 868, 872, 874, 876, 1030, 1033, prouvent la difficulté des communications.

Il n'y a presque plus de concile aux xe et xIe siècles.

communes indépendantes, ont été sans cesse en guerre les unes contre les autres, sans cesse subjuguées par des tyrans. Partout où il n'y a pas une autorité supérieure rendant la justice et organisant l'harmonie, la guerre entre les hommes est inévitable ; la meilleure preuve en est que l'Europe ne peut rester dix ans sans voir une guerre. Plus les États sont petits, plus les guerres sont fréquentes, les entraves aventureuses; un homme qui en rencontre un autre sur son chemin se boxe volontiers avec lui; si l'on est dix de chaque côté, on parlemente d'abord; si l'on est cent, on négocie diplomatiquement. Les États du moyen âge entraient bien plus facilement en lutte que les grands Etats modernes. La destruction des États et l'organisation de fédérations communales seraient donc un retour à la barbarie du xe siècle; les communications, les rapports, deviendraient partout difficiles; on verrait des régions dévastées par la famine, tandis que des régions voisines jetteraient le blé aux bêtes; c'est le contrepied de la civilisation que l'on prendrait.

L'État omnipotent et seul maître; l'État sans rouages administratifs, fonctionnant uniquement par le suffrage universel direct, rêvé par quelques socialistes, ne réussirait pas davantage à maintenir la concorde, la paix, le bien-être entre les citoyens. Outre les difficultés pratiques de réalisation, cette

6.

organisation est jugée par l'histoire : elle a défait la Pologne, elle défera de même tout pays et tout peuple qui l'appliquera. Quand les destinées d'une nation sont aux mains de la masse passionnée et inexpérimentée, les violents ont toujours le dernier mot, et le vote dégénère souvent en une lutte sanglante qui décide de la majorité. Les citoyens éclairés se lassent bientôt de soutenir une lutte inégale et ruineuse ; l'anarchie, le morcellement, la division sont la conséquence du système. Le peuple ainsi gouverné devient bientôt la proie de voisins ambitieux qui font régner l'ordre par la conquête, l'annexion ; ou bien il se morcelle, et, comme ces républiques du moyen âge, il s'use entre la tyrannie, la guerre civile et la guerre étrangère. Le progrès n'est pas encore là ; serait-il dans une nouvelle religion, religion de l'avenir annoncée par Saint-Simon, réclamée par Fourier, analysée par P. Leroux et Aug. Comte, prêchée par Tourel et tant d'autres? C'est un lieu commun, depuis Herder [1], de proclamer la déchéance du christianisme comme

1. Herder, *Hist. des littérat. étrang.* Bongeault, I, 232. P. Leroux, cité par Malon, p. 122-124. — Hartmann, *La dissolution du christianisme et religion de l'avenir* : « L'idée chrétienne a achevé sa course... Le principe chrétien s'est épuisé. » — Fichte, Schelling, Vacherot, Renan, Michelet, Dupont de White expriment la même idée. Les progrès et les aspirations du moment exigent la disparition du christianisme, dont le rôle social dans le développement de l'humanité est épuisé ; il faut une nouvelle religion pour inspirer l'avenir.

influence sociale et de faire appel à une religion de l'avenir basée sur la science pure, la nature pure, l'humanité pure. En soi, la thèse n'est pas nouvelle : autrefois, les astrologues attribuaient l'influence de la religion aux planètes : Saturne avait produit la judaïque, Mars la chaldéenne, le Soleil l'égyptienne, Vénus la mahométane, Mercure la chrétienne; la Lune devait produire la religion future[1]. Nos sages contemporains répètent la même chose; seulement, à l'influence des planètes, ils substituent celle de l'humanité. Ils prédisent la fin du christianisme; Albumazar l'avait déjà prédite pour l'an 1460 et Avenar avait promis un Messie pour l'an 1444[2]. Ils expliquent l'Évangile par le mythe, l'allégorie, la poésie..... il y a bien longtemps que l'astrologue Luc Gauric avait expliqué la Passion de Jésus-Christ par l'influence de la planète Mars[3]. Nos sages ne font donc que glaner après les astrologues; mais, ne croyant plus à l'astrologie, ils ont changé les motifs de leurs prédictions; elles changeront sans doute encore bien des fois; mais n'importe, c'en est assez pour enlever à notre temps la prétention de la nouveauté et du progrès. Ses raisons contre le christianisme ne sont que de vieux clichés revernis à la mode du siècle; ce qu'ils

1. *Traité de l'opinion*, Le Gendre, l. IX, *Des astrologues*, p. 89.
2. *Id.*, p. 83.
3. *Id.*, p. 87.

allèguent au nom de la science d'aujourd'hui, la science d'autrefois l'avait déjà dit à son point de vue; la science de l'avenir le répétera sans doute d'une troisième manière. Le christianisme est un obstacle sérieux pour le socialisme, parce qu'il commande l'obéissance aux pouvoirs légitimes, consacre la propriété, prescrit l'attente d'une vie future. Il y a antagonisme absolu entre les deux doctrines, et l'une ne peut se propager qu'autant que la foi en l'autre diminue. Mais ce n'est pas petite chose que de fonder une religion. Sakya Mouni, Mahomet, Confucius, Lao-tseu, Moïse, Jésus-Christ l'ont fait, tandis que plusieurs milliers d'autres ont échoué [1]. Talleyrand répondit un jour à un homme qui venait lui demander des conseils et sa protection pour fonder une nouvelle religion: « Il y a dix-huit siècles que le christianisme dure. « Jésus-Christ, pour le fonder, s'est fait clouer à une « croix; je vous engage, pour réussir, à en faire « autant. »

Il y a toute une classe de socialistes qui ont renoncé à ce dogme religieux de l'avenir; l'avenir se passera de religion; on déclare renoncer à toute « polyngénésie religieuse [2]. » L'athéisme brutal e

1. Que reste-t-il des deux ou trois cents hérétiques qui se sont insurgés contre l'Église depuis les premiers siècles jusqu'au XVIe? Les fondateurs de sectes dans l'Inde et dans la Perse, l'Arabie, se comptent par milliers.

2. Malon, p. 46, III.

l'insulte à Dieu seront les seuls dogmes conservés[1]. La Bruyère a bien jugés ces penseurs libres : « Je voudrais voir un homme sobre, modéré, « chaste, équitable, prononcer qu'il n'y a point de « Dieu : il parlerait du moins sans intérêt; mais « cet homme ne se trouve pas[2]. »

Les conséquences pratiques de cette négation absolue sont mises au jour par le récit suivant que nous empruntons au journal *le Français* :

« On nous écrit de Saint-Pétersbourg :

« On vient de juger ici un procès qui a fait grande sensation. Un jeune homme de seize ans et demi, fils d'un M. Poznanski, colonel dans la gendarmerie, a été trouvé mort dans sa chambre sans que rien eût fait prévoir une catastrophe pareille. L'autopsie a constaté le fait de l'empoisonnement par la morphine. La famille a accusé Mlle Marguerite Jugean, institutrice française, d'avoir administré le poison. Elle a été acquittée par le jury. » — Je ne veux pas raconter ce procès, qui pourrait donner lieu à bien des réflexions. Je veux me borner à appeler votre attention sur un document dont il a été donné lecture devant le tribunal. C'est le journal dans lequel le jeune homme consignait ses pensées les plus secrètes.

1. Voir, dans les journaux *le Frondeur*, *la Révolution française*, les professions de foi athéistes et les insultes.
2. Des esprits forts : *Caractères*.

En voici quelques fragments, que je vous cite parce qu'on y voit le nihilisme à l'état de formation en germe. Le jeune homme n'est pas encore nihiliste, mais on sent qu'il va le devenir. Ce singulier colonel de gendarmerie, le père du jeune homme, avait des principes d'éducation fort étranges. A quatorze ans, l'enfant lisait ce qu'il voulait, fréquentait qui il voulait, recevait chez lui qui il voulait. On va voir les résultats de ces beaux principes.

« .... Je pourrais en dire long si je ne craignais « que ce cahier ne tombât entre les mains de mon « père ou de quelque autre, et ne leur révélât pré- « maturément les secrets de ma vie depuis l'âge de « quatorze ans. Que de changements, que d'illu- « sions détruites, que de mauvaises qualités se sont « montrées en moi! Depuis cet âge, mon sang a été « en mouvement, et ce mouvement du sang m'a en- « traîné à des excès nombreux auxquels je ne puis « songer sans qu'une sueur froide perle sur mon « front...

« .... Je suis devenu athée, à moitié libéral. Je « donnerais cher pour me convertir de nouveau au « christianisme, mais il est trop tard, et c'est impos- « sible. Je ne souhaiterais pas à mon plus cruel « ennemi d'en venir à envisager les choses comme « je les envisage, par exemple, les rapports avec « les parents, avec les femmes. Je tâche autant que « possible de n'avoir pas d'idoles, mais j'ai une idole:

« mon idole, c'est moi. Peu de mères ont pour leurs « enfants la tendresse, la sollicitude que j'ai pour « moi. On me nourrit, on m'habille, etc.; tout cela « me pèse. Je voudrais le plus tôt possible vivre à « mes dépens et non à ceux de mon père. Du tra- « vail, du travail..., et peut-être ce travail m'aidera- « t-il à m'acquitter envers mes parents pour les « soins qu'il ont pris de moi dans ma jeunesse et à « devenir un citoyen utile. Mais que de temps il « faut encore attendre, deux ans et demi de gym- « nase et puis cinq ans d'académie, et il ne me reste « plus que dix ans de vie.

« .... Mécontent de l'ordre de choses existant, « mécontent des types de l'humanité, je ne puis « guère espérer de trouver un homme tel que je le « conçois, et il faudra vivre seul. La vie solitaire est « pénible; et il est pénible de n'être pas compris ni « apprécié. Tout mon espoir est dans la médecine et « la musique. Par là, je puis me faire un nom; mais « pour cela il faut du génie, du charlatanisme et une « longue vie avec une santé robuste. N'ayant pour « toutes ressources que mes deux mains et ma tête, « il me faudra bien du temps pour faire ma carrière « au prix de grands efforts... en tout cas, il faudra « bien du temps pour arriver à la gloire... Je sens, je « vois qu'il est mon rival en tout, mais je m'en mo- « que. La vie est le perfectionnement de soi-même. « Oh! si je savais... »

Ici quelques lignes effacées, probablement par son père, qui prétend n'y avoir lu qu'une phrase insignifiante. Les experts, au contraire, croient avoir déchiffré ces mots : « *Il faut que l'un des deux passe à un monde meilleur.* » Ce récit dispense de commentaires. Voilà l'athéisme en action.

Il y a enfin une question économique ou démographique importante que le christianisme a résolue et que le socialisme serait appelé à trancher.

L'espèce humaine a toujours pris un développement de plus en plus grand; l'accroissement de la population chez les différents peuples a toujours devancé l'accroissement des moyens de production : il y a toujours un excédant de bouches à nourir[1].

A cet accroissement incessant, il faut que la société, pour ne pas mourir de faim, apporte un remède. Ce remède, l'antiquité le trouvait, comme la Chine et les peuplades barbares, dans une pratique monstrueuse, l'exposition des enfants nouveau-nés. Le christianisme donna une autre solution : il proscrivit les pratiques meurtrières et présenta comme remède le célibat volontaire et la

1. Malthus démontre dans son ouvrage : *Sur la condition et le résultat de l'accroissement de la population*, que les hommes se multiplient suivant une progression géométrique, tandis que les produits alimentaires n'augmentent que suivant une progression arithmétique.

chasteté intégrale de ses vierges, de ses moines, de son sacerdoce.

Cette solution chrétienne, elle ne saurait convenir au socialisme; elle est contraire au bonheur matériel de la vie, que prêche la doctrine; il en faut donc une autre. Quelle autre pourrait-on trouver que la solution païenne? Socialistes et libres penseurs, recueillez-vous. Les sociétés humaines dépériront de faim si vous ne réussissez à limiter le nombre des bouches sans cesse croissant qui exigent leur nourriture. Que pouvez-vous faire d'autre que de conseiller l'immolation volontaire de la continence, ou le sacrifice sanglant des rejetons? Or, une fois sorti du christianisme, pouvez-vous prêcher la continence? Une fois le bonheur attendu sur la terre, pouvez-vous conseiller la chasteté volontaire, le sacrifice de soi et de sa postérité? Reconnaissez votre impuissance à conclure en dehors du sacrifice chrétien à autre chose qu'à la pratique infâme et barbare des sauvages[1].

1. Il y a bien une 3e solution que l'on pourrait appeler Protestante, parce que nous la voyons pratiquée en Angleterre, en Hollande, dans l'Allemagne du Nord : c'est la colonisation ou émigration. Mais cette solution n'est pas possible dans une organisation socialiste. Tous étant égaux et jouissant des mêmes biens, rien ne déterminera les uns plutôt que les autres à s'expatrier. Il faudra donc procéder à une émigration forcée, c'est-à-dire à une expulsion. Or une semblable mesure amènera nécessairement la guerre civile et la destruction de l'organisation socialiste.

XI

LE SOCIALISME EST UN DANGER

En voyant l'histoire désastreuse du socialisme dans le passé, ses élucubrations grotesques au début de notre siècle, ses prétentions insoutenables à l'heure actuelle, en lisant les résolutions de ses congrès, ses programmes, ses cris de haine, ses projets de bouleversement, on se croit de prime abord en présence d'esprits égarés, sans force ni convictions, d'ignorants et de révolutionnaires sans suite dans les idées, sans sens pratique, incapables de conduire une intrigue, d'attendre, de patienter, de suivre une tactique. Ce sont des folies, se dit-on! Folies soit, mais folies dangereuses, folies menaçantes, qui d'un jour à l'autre peuvent éclater, bouleversant tout, jetant partout le désordre, amenant l'anarchie, la guerre civile, la misère. Le socialisme a pu être longtemps une utopie ; pour quelques-uns, il peut l'être encore ; mais, pour un grand parti, il est aujourd'hui une espérance, un but à atteindre, une solution à imposer.

Dirigés par des hommes intelligents et riches, Karl Marx, Bakounine, Bebel, Frankel, Malon, Liebknecht, Odger, Oberwinder, les socialistes manœuvrent avec ensemble pour atteindre leur but destructeur.

Les uns, plus pressés, cherchent avec Bakounine, Blanqui... l'occasion de recourir à la force : il leur faut une révolution sanglante et fumante pour asseoir leurs fédérations communales sur les ruines amoncelées de la société. Bakounine arrivait dès le lendemain du 4 septembre à Lyon pour y organiser l'anarchie; à Paris, les blanquistes préparaient des bombes et du pétrole [1].

Pour Bakounine, « la révolution sociale doit être précédée d'une tempête révolutionnaire, d'un déchaînement de haines, afin de préparer l'ordre nouveau en détruisant dans l'esprit et dans les choses tout ce qui a été partie constitutive de la vieille civilisation. Il faut qu'une destruction colossale passe sur le monde pour rompre la cohésion administrative, juridique, politique et religieuse » [2]. Ce sont ses partisans qui déclarent au congrès de Bale « que, puisque la classe capitaliste et proprié-

1. *Enquête parlementaire 18 mars*, déposition de M. Choppin.
2. Malon, p. 237.

taire ne veut pas entrer en transaction et que les travailleurs sont résolus plus que jamais à maintenir leurs droits, il est inévitable que l'on procédera tôt ou tard à une liquidation forcée, oui, forcée, car le prolétariat a de son côté deux forces auxquelles rien ne peut résister : la force du nombre et la force de l'idée [1]. » Le délégué Juclard tient un langage analogue au congrès de Berne : « Si vous voulez faire la révolution sociale, il faut être athées ; sans quoi vous coulerez... La dernière guerre sera faite ; elle sera terrible, elle se dressera contre tout ce qui existe, contre cette bourgeoisie qui n'a rien dans la tête et dans le cœur et qui ne tient plus debout... Ma conclusion est qu'il faut finir avec tous ; ce n'est que sur leurs ruines fumantes que s'assoira la république définitive ; c'est sur les ruines couvertes non de leur sang, mais de leurs détritus accumulés, que nous planterons le drapeau de la révolution sociale [2]. » Ces paroles incendiaires sont répétées par les journaux du parti. « Ou la question, dit la *Révolution française* [3], sera résolue par en haut parlementairement, ou elle se posera de nouveau d'elle-même un jour ou l'autre sur la place publique, comme en juin 1848 et en mars 1871, au péril et au détriment des

1. Malon, p. 265.
2. *Enquête parlementaire*, p. 212.
3. 28 février 1879.

Pangloss de l'ordre actuel, qui se crèvent les yeux pour ne point voir et se bouchent les oreilles pour ne pas entendre. »

Les autres socialistes veulent la réalisation « parlementaire », comme le dit l'organe du parti. Ils ne croient pas à la durée des régimes établis par un coup de force ; ils veulent arriver sûrement par l'extension de la doctrine et la force des majorités parlementaires. « Nous voulions l'avènement du socialisme, disait M. Fribourg en parlant de l'Internationale à la Commission d'enquête ; nous ne voulions pas de révolution par les armes, mais par les idées [1]. » Il y a déjà douze socialistes au parlement allemand, au moins autant à la Chambre française ; avec le temps et la propagande, le parti espère conquérir quelque jour une majorité qui décrétera la nouvelle organisation sociale ou les mesures transitoires devant l'amener à bref délai. En attendant et provisoirement, on réclame des réformes [2],

1. *Enquête*, t. II, p. 566.

2. Résolution du congrès socialiste néerlandais, 1878 (*Prolétaire*, 29 janvier 1879) :

« Le groupement des travailleurs en sociétés de métiers ; — la fondation de Sociétés coopératives ; — la revendication du suffrage universel ; — les droits de guerre et de paix transférés à la représentation nationale au lieu du pouvoir exécutif ; — abolition de l'armée permanente et armement du peuple ; — suppression des droits de patente et en général de tout impôt pesant sur le travail, établissement de l'impôt sur le revenu ; — législation protégeant la vie et la santé des travailleurs, par une réglementation des condion lance des programmes, on demande des changements qui préparent d'avance la liquidation sociale en affaiblissant l'État, chargeant la pro-

tions hygiéniques des fabriques et ateliers, limitation des heures de travail des ouvriers adultes, suppression du travail du dimanche, suppression du travail (dans les fabriques) des femmes mariées et des jeunes filles âgées de moins de dix-huit ans, réglementation du travail des jeunes gens au-dessous du même âge; — l'organisation officielle (*van Staatswege*) de chambres du travail et de conseils d'arbitrage librement élus; — instruction primaire *obligatoire*, et instruction *gratuite à tous les degrés* (enseignements primaire, moyen et supérieur); — création par l'État d'écoles professionnelles, industrielles et agricoles, accessibles à tous; — etc., etc.

« Le Congrès vote aussi une résolution par laquelle il déclare que, bien que la Fédération ouvrière soit organisée sur le terrain néerlandais et entre des associations néerlandaises, ce caractère national ne doit pas l'empêcher de s'entendre avec les groupes ouvriers du dehors, afin de poursuivre des buts d'un intérêt spécial ou d'un intérêt général, pour autant que ces buts soient en harmonie avec le programme de la Fédération. »

Le Prolétaire, 8 février 1879 :

« La Chambre syndicale des ouvriers gainiers et celle des ouvriers menuisiers en bâtiments ont voté à l'unanimité les deux propositions suivantes :

« 1° Rembourser la dette publique au prorata de la fortune de chacun;

« 2° Employer une partie des 1500 millions qui servent tous les ans à payer les intérêts de la dette à former le capital des sociétés de production et de consommation, et l'autre partie à assurer l'instruction aux enfants, des secours aux malades et des pensions aux vieillards et aux infirmes.

« Voici les considérants qui ont déterminé le vote :

« 1° Considérant que la dépopulation ouvrière est en raison directe de l'augmentation de la dette publique;

« 2° Considérant que les emprunts d'État écraseront les futures générations ouvrières, sans profit pour la génération

priété, dissolvant la famille, persécutant la religion et favorisant l'expansion des idées et des doctrines socialistes [1].

On demande le divorce et la suppression de la

présente; que, de plus, il est injuste de faire payer ces emprunts à des générations qui ne les ont pas contractés;

« 3° Considérant que ce qu'on accorde aux bourgeois ne saurait être valablement refusé aux prolétaires; or, puisque la loi civile permet aux bourgeois d'accepter l'héritage patrimonial sous bénéfice d'inventaire, la loi sociale devrait permettre aux prolétaires d'accepter l'héritage social, également sous bénéfice d'inventaire;

« 4° Considérant que le but que se proposent la plupart des ouvriers, c'est de s'affranchir de l'exploitation de leurs patrons et des commerçants, en établissant des sociétés de production et de consommation, et que ce qui les a empêchés de réussir jusqu'à présent, c'est le manque de capital.

« Économie du projet. — La fortune de la France, en comptant depuis l'humble ménage de l'ouvrier (qui est souvent tout son avoir) jusqu'à la plus opulente fortune, se monte à environ 300 *milliards*, et la dette publique à environ 30 *milliards*, soit 10 0/0 du capital.

« Si cette fortune était possédée par la même famille, cette famille aurait nécessairement à payer la totalité de la dette; mais, comme elle est répartie par-ci par-là, *on pourrait même dire beaucoup par-ci, presque rien par-là*, il résulte que, en payant les 10 0/0 de ce que chacun possède, les prolétaires peuvent s'acquitter pour une somme relativement minime.

« La Chambre syndicale des ouvriers gainiers a nommé des délégués qui ont pour mission de se rendre auprès des chambres syndicales et des sociétés ouvrières, afin de leur soumettre les propositions énoncées plus haut. »

1. Mesures transitoires proposées par Colins (Malon, p. 183) :

1° Abolir l'hérédité collatérale.

2° Proclamer la liberté de tester.

3° Mettre un impôt de 25 0/0 sur tout héritage testamentaire.

(Suite de la note, au verso.)

police des mœurs, afin de préparer la désorganisation de la famille; on demande l'impôt progressif

4° Faire germer dans les masses l'idée de collectivité du sol. — Mesures proposées par Cabet pour amener en cinquante ans le communisme (Malon, p. 99) :

Les enfants de moins de quinze ans recevront une éducation industrielle générale élémentaire.

La pauvreté sera affranchie d'impôt.

L'impôt sera progressif.

Toutes les fonctions publiques seront rétribuées.

Les salaires seront taxés par l'État.

500 millions seront affectés à fournir du travail.

Suppression de l'armée.

Rachat de propriétés par les communes et l'État.

— Cahier de Jean Bordier, *Droit de l'homme*, 24 sept. 1877 : *Que l'amnistie rende* à la République les quinze mille victimes vivantes de 1871, hommes, femmes, enfants déportés ou exilés.

Le jour où la Constitution sera révisée, j'exige :

Que le Sénat, cette citadelle réactionnaire, soit aboli;

Que le Conseil d'État, cette cinquième roue d'un carrosse, soit aboli;

Que la Présidence, cette invitation perpétuelle au coup d'État, soit abolie;

Que toutes les lois sur la presse, la parole, les réunions, les associations autres que les associations religieuses, soient supprimées; que le jury, seul, prononce sur les cas d'obscénité et de diffamation;

Que la commune soit libre d'administrer toutes ses affaires intérieures, de *nommer* et de *révoquer* tous ses *fonctionnaires*, d'*organiser ses écoles, son tribunal, son crédit, son assistance*, sa statistique, *sa police;* en un mot, de décider de tout ce qui n'est pas droit et devoir national. Et comme, pour que cette vie communale soit possible, une certaine somme de lumières et de richesses est indispensable, il faut que les villages et les hameaux aujourd'hui poussière à plébiscites viennent s'unir dans une *Commune centrale qu'ils formeront au chef-lieu du canton*. Camarades, vous n'aurez rien gagné, rien absolument, tant que vous n'aurez pas cette grande Commune. On vous dit que le gouvernement parlementaire est le gouvernement du pays par le pays. Le gouvernement

comme un acheminement vers l'égalité des fortunes; on propose de soumettre toutes les fonctions à l'élection pour affaiblir l'autorité de l'Etat.

du pays par le pays n'existera véritablement que lorsque chaque citoyen prononcera souverainement sur les affaires de son milieu et que l'administration centrale se bornera à gérer les intérêts généraux. Oui, camarades, si la commune n'est pas refondue, agrandie, pourvue de tous ses organes de vie, il est inutile d'aller plus loin, de remplacer une Assemblée par une autre. Nous serons à tout jamais la pâtée des despotes.

Que le budget des cultes soit aboli. Qu'il soit interdit aux communes de subventionner aucun culte. Que les communautés religieuses soient dissoutes et que leurs biens appartiennent aux communes où ils sont situés. Que les Jésuites soient expulsés conformément à la loi, *leurs biens confisqués* et les *fidéi-commissaires poursuivis.*

Que toutes les communes soient tenues de faire donner à tous les enfants, garçons et filles, une instruction générale large, professionnelle et adaptée à la région ; que l'instruction spéciale soit également gratuite pour les enfants doués d'aptitudes spéciales. Que les instituteurs soient généreusement rétribués et deviennent les fonctionnaires les plus honorés de la Commune. *Que l'enseignement soit interdit aux prêtres.* Pour créer des écoles, leur matériel, refaire les livres d'éducation, qu'un emprunt national soit émis.

Que l'Assemblée nationale, désormais nommée pour deux ans, ne soit qu'une administration centrale chargée de relier entre elles et de diriger vers l'intérêt général les actions de toutes les communes; de préparer les lois, le budget national, et de les soumettre au vote des citoyens ; *de faire par ses Comités l'office des ministères, aujourd'hui les châteaux forts de la bureaucratie; enfin, d'exercer seule, sans délégation extérieure à elle, la fonction exécutive.*

Que l'Algérie et les colonies soient assimilées en tout à la France.

Que la durée du service soit limitée à deux ans. Que les corps spéciaux soient formés par des volontaires engagés pour un temps déterminé. Que, au sortir du service, les

On demande à l'État de compenser par l'impôt l'inégalité des fortunes [1].

. . . .

citoyens appartiennent aux différents bans de la garde nationale. (Si Jean Bordier pouvait parler librement, il dirait bien le moyen de rendre cet article inutile et de dissoudre en quelques mois toutes les armées d'Europe.)

Que tous les magistrats soient élus par le peuple. Que toutes les causes civiles, commerciales, correctionnelles, criminelles, soient réglées sans appel — sauf les vices de forme — *par un jury où chaque électeur de la commune siégera à son tour. Que le Code soit créé à nouveau et soumis à la sanction du peuple assemblé dans ses communes. Que le tabellionat et le corps des procureurs soit remplacé par des règlements simples et économiques.*

Que les impôts directs ou indirects soient abolis ou réformés; que l'impôt soit progressif.

Que tous les monopoles soient abolis, et que tous les services nationaux appartiennent à l'État, à l'administration centrale, devrais-je dire. Que tous les emplois qu'ils nécessitent soient donnés au concours.

Que la continuité et la sécurité du travail soient garanties à tous par des institutions nationales de prévoyance et une *commandite nationale.*

Qu'un bureau général de statistique centralise les statistiques des communes et tienne à jour l'état de la France sous tous ses aspects, population, travail, produits, afin de permettre de faire une répartition intelligente des travailleurs.

Qu'un vaste système d'assurances agricoles hypothécaires, collectives, contre le chômage, l'incendie, les risques de mer, soit établi sous la garantie nationale.

Qu'on abroge toutes les lois qui empêchent les travailleurs français de s'entendre avec ceux des autres pays et de s'associer avec eux. Comment voulez-vous que la question du travail des femmes et des enfants dans les manufactures — je prends celle-là entre cent — puisse être réglée autrement que par une convention internationale ?

1. *Révolution française*, 26 février :

« L'impôt a une origine sociale, sa destination doit être sociale.

« Nous sommes tenté d'ajouter : dans une société repo-

Les socialistes de cette école voient bien que le moment n'est pas venu d'organiser la nouvelle société. « Nous ne vous demandons pas, disent-ils aux parlements [1], de voter demain des lois socialistes : vous ne le pourriez pas, et la France ne vous a pas donné ce mandat. En attendant que les progrès de l'éducation et de la raison publique aient fait pénétrer nos idées dans la conscience populaire et en aient assuré le pacifique triomphe, nous sommes prêts à faire à la République incomplète, à la République nominale le sacrifice de nos impatiences. » Mais ce qu'ils demandent, ce qu'ils attendent, ce sont des demi-mesures qui hâtent leurs solutions, qui désarment et anéantissent leur principal adversaire, l'Eglise, qui facilitent l'expansion de leur doctrine et de leur liberté d'action.

Les modérés comme les violents, quoique divisés sur les moyens à employer pour la réalisation de leurs programmes, sont d'accord pour travailler à la préparation de leur révolution parlementaire ou sanguinaire par les voies suivantes : 1° fausser les idées morales du peuple ; 2° ruiner le principe d'autorité et lui ôter tout prestige ; 3° fomenter l'esprit révolutionnaire ; 4° appuyer les ambitieux

sant sur l'inégalité des fortunes, l'impôt est une restitution et doit servir, dans une certaine mesure, à réparer les désordres et les injustices sociales. »

1. *Révolution française*, 20 février 1879, parlant aux députés français.

qui leur font des avances et des concessions. C'est dans cette campagne infernale contre la morale, l'autorité, le respect du droit, dans cet appui donné à toutes les ambitions désordonnées, que réside le véritable péril. Le jour où le socialisme aura imprégné les masses de ces erreurs, la liquidation sociale serait faite d'avance.

I. IL FAUSSE LES IDÉES MORALES. — Pour les écrivains socialistes, il y a deux morales, celle du christianisme ou du catéchisme qu'ils déclarent mauvaise, absurde, détestable, et la *morale laïque*, dont M. Gambetta demandait jadis l'enseignement. « Notre morale à nous, disait M. Talandier à Vincennes, est une morale de pères de famille, de fils et de frères ; ce n'est pas la stupide morale des moines [1]. » Au congrès socialiste de Lyon [2], les uns déclaraient : « C'est à nous à propager et à faire accepter par tous les nouvelles règles nécessaires de morale sociale ; » les autres avouaient que « le collectivisme n'a pas encore de morale ». Il y a un siècle, un certain M. Le Beau s'était déjà aventuré à parler de deux morales (il n'y a rien de nouveau sous le soleil) ; il s'attira de Voltaire [3] cette réponse : « Ah ! monsieur Le Beau, où avez-vous pris cette sottise ?

1. Discours de M. Talandier à Vincennes, banquet de 1876.
2. *Études religieuses*, avril 1878.
3. Voltaire, *Correspondance*.

Il n'y a qu'une morale, comme il n'y a qu'une géométrie... La morale est la même chez tous les hommes qui font usage de la raison. La morale vient donc de Dieu, comme la lumière. » Ce n'est pas l'opinion des socialistes, dont l'un des chefs, B. Malon, fait un vif grief à Aug. Comte d'avoir édifié son ordre social « sur le devoir, par conséquent sur l'inégalité [1] ».

Quoi qu'il en soit du système précis ou encore diffus de la morale socialiste, la tactique de l'heure actuelle consiste à brouiller, à fausser dans les masses les idées morales ; on le fait par la presse, par les brochures, par les discours ; il suffit de quelques exemples pour s'en convaincre :

« L'indissolubilité du mariage est la négation du principe de liberté individuelle qui forme la base de notre droit public. » (Naquet.)

« La majorité est le droit, parce qu'elle est la force. » (Congrès de Gand.)

« La justice étant le produit de la conscience, chacun se trouve juge en dernier ressort du bien et du mal » (Proudhon.)

« Le libre arbitre n'est qu'un vain mot. Nous reconnaissons avec la science que la volonté de l'homme dépend d'une foule de causes extérieures, qu'un homme n'est pas coupable lorsqu'il commet

1. B. Malon, p. 252. Jacqlard, au congrès de Liège : « La morale catholique est fausse dans ses principes, fatale dans ses conséquences. »

un acte que réprouve notre conscience, mais que rend inévitable son organisation physique et morale. » (*Droits de l'homme*, avril 1876.)

Pauvre Billoir ! si son avocat avait pensé à démontrer au jury que son organisation physique et morale rendait inévitable sa manie de couper des femmes en morceaux, on l'eût acquitté comme innocent !

« La vérité est qu'il ne dépend point de nous de diriger nos idées en un certain sens, ni de les évoquer quand il nous plaît... inutile de dire que ce mécanisme de la volonté exclut comme absolument contradictoire la notion puérile du libre arbitre. » (*République française*, 6 avril 1876.)

« La pudeur a été inventée par les femmes mal bâties. » (Yves Guyot, *Lieux communs.*)

« Le mal, comme le bien, est chose essentiellement relative, variant avec les conventions sociales. » (*Petit catéch. libre penseur.*)

« La moralité est chose tellement relative que, en se plaçant au point de vue de la société européenne du XIXe siècle, nombre de peuples semblent en être fatalement ou en partie dépourvus, tandis que plusieurs espèces animales en donnent des preuves éclatantes. » (*République française*, 2 mai 1876.)

— « Les vrais révolutionnaires doivent avoir un critérium excellent ; tout ce qu'approuve l'Eglise est mauvais, tout ce qu'elle condamne est bien. » (Yves Guyot. *Lieux communs*, p. 106.)

Par conséquent, vive l'homicide, l'adultère, le vol, le parjure, le mensonge... C'est bon, puisque l'Eglise le condamne. Est-ce là l'enseignement qui sera donné laïquement aux enfants ?

« Vivons comme si nous devions vivre éternellement sur la terre. » (P. Leroux, *Humanité*, I, 241.)

Imitez donc César, Napoléon, Tibère ; vivez pour jouir, vous amuser, jouir encore et jouir toujours. Messaline devient alors le type de la vertu laïque pour les jeunes personnes.

« Le bien est ce qui est conforme à la nature de l'homme et le mal ce qui lui est contraire. » (*Catéch. républ.*, p. 9).

Les coups d'État sont donc le bien pour les hommes qui se sentent appelés à commander ; leur nature les y pousse ; la morale nouvelle leur apprend à ne pas résister à ce désir.

« Je vous demande si celle qui a reçu de la nature quelques dons doit en disposer pour gagner le pain que la société lui refuse. A cette redoutable question je réponds hardiment : Oui ! car l'enfant qui est maintenant bon ne peut pas être responsable des vices de notre organisation sociale. » (Discours au congrès de Lyon 1876, *Etudes religieuses*, p. 519.)

« La morale catholique est fausse dans ses principes, fatale dans ses résultats » (Jacglard, congrès de Liège).

II. Il travaille a ruiner toute autorité et fomente l'esprit révolutionnaire. — Quelles que soient sa nature, son origine, sa mission, l'autorité, par cela même qu'elle organise une hérarchie, qu'elle impose des devoirs d'obéissance, est suspecte aux socialistes. Ils poursuivent par tous les moyens la destruction du principe d'autorité, l'insulte, l'injure, la politique, la calomnie, tout est mis en œuvre pour enlever aux hommes le respect de la hierarchie, le respect du pouvoir. « L'État quel qu'il soit, disait au congrès de Liège Germain Casse, est incompétent, je ne reconnais pas la seule autorité vraie, celle de Dieu. Je ne veux plus d'autorité; je veux la force. La force est un principe humain, il faut l'employer pour faire progresser l'humanité. »

Proudhon l'avait déjà dit en 1848 : « Comme si la démocratie pouvait se réaliser autrement que par la distribution de l'autorité, et que le sens véritable du mot démocratie ne fût pas destitution du gouvernement... La négation de la propriété emportant celle de l'autorité, je déduis immédiatement que la véritable forme de gouvernement, c'est l'anarchie [1]. »

De la théorie on passe aux faits, et chaque jour le pouvoir public, dans ses plus hauts représentants, est vilipendé, ridiculisé, traîné dans la boue. Voici en quels termes la *Révolution française* du 10 février exécutait le président de la République.

1. *Confes. d'un révolutionnaire*, p. 122-130.

« *Au Président de la République*[1].

« Londres.

« Je viens de voir votre message. Je l'ai lu par un jour triste, un ciel anglais : les nuages sont bas, l'horizon est noir. Ce message-là n'a pas jeté une lueur dans l'air sombre. Pas une idée qui luise comme une étoile. Rien. Rideau de banalité, fumée, phrase derrière laquelle je vois tout de même s'amonceler l'orage et rouler le tonnerre. Ce n'est pas fini du canon !

« Vous avez répété ce qu'a dit chaque gouvernement, niais ou criminel, en redingote bourgeoise, en habit d'empereur, en uniforme de soldat. Charles X, Louis-Philippe, Cavaignac, Louis-Napoléon, Thiers, Mac Mahon, les faux bonshommes comme les vrais bandits, ont adressé de ces messages-là aux Assemblées de leur temps. Tous sont tombés d'ailleurs : vous tomberez comme eux. Tous ont été trahis, vous le serez. Voilà l'avenir qui vous est réservé et que vous avez mérité en écrivant cette page indigne de la France, indigne de la République, indigne de vous.

« Indigne de vous? Vous aviez, en effet, monsieur, une place à part dans l'estime de vos contemporains, et il ne tenait qu'à vous d'en prendre une haute et neuve dans le domaine de l'histoire.

1. Lettre adressée au président Grévy.

« Vous n'avez été mêlé à aucune des intrigues que mènent depuis des années, dans les couloirs et les salons, des parvenus qui se vantent d'être diplomates ou tribuns et qui ne sont que des Machiavel bien gras et des Danton bien minces.

« Vous aviez surtout le prestige que vous valut votre proposition de 1848, qui eût pu empêcher le crime de 1851. Vous aviez fait le coup de feu en 1830, et vous avez été un des silencieux, fiers et austères après Décembre.

« Les vaincus même étaient désarmés devant vous. Vous avez pu les blâmer et maudire, mais vous ne les avez ni salis ni trompés. Vous n'avez pas, que je sache, jeté de la boue à la face des prisonniers de Mai. Vous n'êtes pas allé à Saint-Sébastien, après avoir signé le programme de Belleville. Votre vie privée est aussi pure que celle de Jules Favre est infâme. Vous avez un renom d'honneur et de dignité.

« Vous garderez ce renom, je le crois. Vous êtes du pays qui a vu naître Proudhon et Victor Hugo. Il y a de la fierté chez ceux qui ont eu là leur berceau.

« Mais il faut plus que des vertus passives chez les présidents de la République; après l'invasion, la guerre civile; après Sedan, la Commune! Il ne suffit pas de s'installer à l'Elysée avec des intentions honnêtes : il faut avoir des vues larges et claires, il faut regarder de haut, il faut prévoir de loin.

« Vous semblez, d'après votre message, ne pas avoir compris ce rôle et cette responsabilité : je le sens en relisant ce feuillet, qui est le premier de votre livret qui a déjà l'air d'une démission.

« Proudhon, votre compatriote, parlait de la *pourriture d'assemblée*. Le mal serait-il fatal et inguérissable? Avez-vous déjà les mains et la volonté liées par les fils du parlementarisme camaradier, courtisan et hypocrite? Vous êtes perdu si c'est fait. Je ne vous donne pas deux ans avant que vous ayez abdiqué; je pourrais vous nommer qui vous tirera par les pieds dans la fosse. On se fatiguera un jour de vous appeler le Juste, et trois cents députés dévoués à M. Gambetta fourniront les coquilles avec lesquelles on votera l'ostracisme. On ne vous chassera pas; vous descendrez vous-même du pouvoir, vieilli et las, avec le regret amer de l'avoir accepté, peut-être avec le remords douloureux et profond de votre cruauté envers les vaincus et de votre oubli des pauvres.

« Il en est temps encore! Laissez-nous, si vous voulez, nous, les galériens et les proscrits, mourir de tristesse loin de la patrie. Sacrifiez ceux d'hier, mais épargnez la génération de demain.

« Pour cela, monsieur, il faut jeter au fumier la vieille politique, celle qui a besoin de décrets, de lois, d'arrêtés et de circulaires, de gendarmes et de commissaires, d'agents et de mouchards pour surveiller, épier, salir, saisir quiconque se met en état d'insurrection par la parole ou la plume contre l'état social. Méthode odieuse : dangereuse aussi car c'est grâce à elle que les volcans populaires s'allument et que les grandes explosions ont lieu.

« Liberté de s'assembler, de parler, d'écrire, liberté d'être socialiste, liberté d'être athée. Toutes les libertés! — Vos ministres ou vos voisins de pouvoir ont promis tout cela dans leurs professions de foi pour se faire élire; mais, à peine élus, ils crachent sur les affiches de jadis et les décollent, et il n'y a pas de despotes plus ridicules et plus cyniques que ces libéraux parvenus.

« Vous, monsieur, qui avez une réputation d'honnête homme, vous devriez tenir les promesses qu'ils ont faites.

« Que, dès demain, ceux qui aiment le peuple aient le droit de lui parler en face ou de loin! que toutes les tribunes soient ouvertes, tous les journaux libres! qu'il soit permis de trouer le ciel, si l'on veut, de fouiller la terre avec ses ongles, de se battre autour d'une idée à coups de chiffres et de convictions!

« Place au travail! Salut aux pauvres!

« Les pauvres? ils sont les trois quarts de la France. On dit que la patrie est riche et que la République est prospère. La France de quelques-uns, la République en frac et en cravate blanche, mais le reste meurt de faim ou de fatigue.

« D'une heure à l'autre, le rideau peut se déchirer, et les problèmes du travail et de la misère se dresseront menaçants devant vous. Que faire? — Soldats, en route! Compagnies, sac au dos! Il s'agit d'aller mater les ouvriers à Aubin, à la Ricamarie ou au Creusot...comme un lieutenant de Bonaparte!

« Voulez-vous jouer ce rôle-là? Pouvant être un Washington social, consentirez-vous à prendre rang parmi les odieux de l'histoire? — C'est pourtant là que vous en arriverez! démissionnaire ou fusilleur, dupe ou bourreau!

« J'ai oublié le cas où vous seriez le représentant hypocrite d'une classe menteuse encore dans son agonie, où vous auriez été banal pour être habile, où vous ménageriez tout le monde, les commissions mixtes et l'archevêché, pour avoir le prestige et garder le pouvoir. Vous seriez alors un malhonnête homme, et j'aurais honte de vous avoir écrit.

« Je vous crois droit et franc. Mais hâtez-vous! Que nous sachions vite qui vous êtes, décidément! En cette époque de combat, les trêves ne doivent pas être longues. Etes-vous avec la féodalité bourgeoise et la bohème politique, ou voulez-vous passer du côté du peuple, du peuple épuisé et vaincu?

« Citoyen, à vous de choisir ! Je crains de deviner de quel côté vous pencherez, en riant peut-être bien fort de nos adjurations ! Ne riez pas trop ! Prisonnier de la bourgeoisie, tout en ayant l'air d'en être le chef, vous êtes condamné d'avance à des tristesses que n'ont pas connues ceux mêmes qui ont vu en face la mort, le bagne ou l'exil.

« Les intrigues basses vous épuiseront, ou bien vous entendrez tout d'un coup un coup de tambour, et vous verrez apparaître les bataillons toujours foudroyés et toujours renaissants de la misère. Ils prendront un soir le drapeau noir de la Croix-Rousse faute du drapeau rouge de Belleville. Un poète en blouse a appelé ces hommes-là les soldats du désespoir. »

Après l'État, le chef de l'État, c'est la magisture, c'est la police qu'on cherche à faire mépriser : « La magistrature a la prétention d'être un corps infiniment respectable, chacun sait ça... or nous trouvons des faits qui justifient les critiques les plus acerbes, qui permettent tous les soupçons, qui légitiment les suppositions les plus défavorables, les attaques les moins respectueuses [1]. » On connaît les attaques dirigées par un journal socialiste dans le but de désorganiser la police et de lui enlever tout prestige, toute considération. Partout

1. *Révolution franç.*, 12 mars.

on organise la ruine du principe d'autorité, et le temps n'est pas éloigné où certains membres avancés de la commission du budget organisaient dans les administrations ministérielles l'espionnage et la délation des inférieurs envers leurs supérieurs, moyen infaillible de briser le respect de la hiérarchie et les principes d'obéissance. Le principe d'obéissance qui a fait les nations puissantes et prospères, on ne fait d'ailleurs nulle difficulté de le condamner ouvertement. M. Scherer déclarait naguère que « la science est l'insurrection permanente de la raison contre l'autorité... que la civilisation s'établit de révolte en révolte. »

III. Il appuie les ambitieux qui lui font des avances pour parvenir. — Le radicalisme n'est que l'ambition politique au service du socialisme, quand il n'est pas un masque du socialisme lui-même. Il y a en France une classe d'ambitieux sans conviction, qui n'ont pour principe que d'arriver au pouvoir et de l'exploiter à leur profit. Pour atteindre ce but, tous les moyens leur sont bons : ils promettent, jurent, signent tout ce qu'on leur demande, afin d'obtenir l'appui de ceux dont ils ont besoin. Les programmes radicaux sont les avances faites au parti socialiste pour obtenir son appui ; l'opportunisme n'est que la réaction des gens parvenus au pouvoir contre les promesses faites et les programmes jurés au parti socialiste. Parce qu'ils servent de marchepied aux politiciens ambitieux dont ils espèrent quelques demi-mesures en leur faveur, les socialistes ne sont dupes ni du radicalisme ni de l'opportunisme. Proudhon donnait dès 1848 son opinion sur les opportunistes, qui portaient alors le nom de Jacobins :

« La démagogie si connue en France depuis soixante ans sous le nom de jacobinisme est le juste milieu déguisé sous un masque de violences et d'affectations révolutionnaires. Le jacobinisme en veut aux places, non aux institutions ; il accuse les hommes, non les principes, s'attachant à changer les noms sans toucher aux idées et aux choses. Ainsi, tandis qu'il présente les rois et les prêtres comme des tyrans et des imposteurs, les modérés comme des mystificateurs et des ambitieux, il a soin de faire toute réserve pour le maintien de l'autorité qu'il convoite, et du préjugé dont il espère se servir [1]. »

Les socialistes de l'heure actuelle ne sont ni plus abusés ni moins clairvoyants que ceux de 1848 ; un de leurs organes disait il y a peu de temps : « Certes on conçoit que ceux pour lesquels ce qu'on est convenu d'appeler le jeu des institutions démocratiques signifie tout bonnement la possibilité de se hisser aux fonctions publiques et d'émarger au

1. Proudhon, *Confes. d'un révolutionnaire*, p. 18.

budget, en un mot de devenir à leur tour les princes de la situation, on conçoit, dis-je, que ceux-là croient que tout va bien dès qu'ils ont atteint le but que s'était proposé leur noble ambition, et qu'ils déclarent avec aplomb qu'il n'y a pas de question sociale. C'est plus commode et surtout plus fructueux que d'en chercher à ses risques la solution [1]. »

Le fruit n'est pas mûr. « Mais, en attendant que les progrès de l'éducation et de la raison publiques aient fait pénétrer nos idées dans la conscience populaire et en aient assuré le pacifique triomphe, nous sommes prêts à faire à la République incomplète, à la République nominale, le sacrifice de nos impatiences. »

Ce qu'on demande pour le moment présent, c'est « que le socialisme, lui, ait droit de cité, que la conviction de tant de milliers d'hommes et de ces masses profondes des grandes villes, sans lesquelles la République ne vivrait pas, — car seules, dans ce pays centralisé, elles pourraient la défendre, — que la conviction de quelques-uns des plus originaux ou des plus grands esprits de ce siècle ne soit plus, par toutes les voix du pouvoir, vilipendée, poursuivie, traquée [2]. »

On trace enfin aux radicaux le mininum des légitimes exigences du parti :

1. *Révolution franç.*, 12 février 1879.
2. *Révolution franç.*, 18 et 20 février.

« Nous ne vous demandons pas de voter demain des lois socialistes : vous ne le pourriez pas ; et la France, dont la volonté, même imparfaitement, même confusément exprimée, est un fait, et, à ce titre, mérite considération, la France ne vous a pas donné ce mandat. Mais ce que nous avons le droit de demander, c'est que la France républicaine ne reste pas au-dessous de la monarchique Angleterre, et surtout qu'elle ne ressemble pas à l'empire de M. de Bismarck.

« Nous voulons bien aujourd'hui ne pas parler des réformes sociales. Nous faisons crédit à tous les prudents, libéraux ou opportunistes, du temps qu'il leur faut pour commencer à leur façon la sape du mal ; mais au nom même des exemples qu'ils ont toujours invoqués le long de leur chemin, au nom de la tradition de 93 ou seulement de celle de 89, je viens demander, une bonne fois, que l'hypocrisie ne soit plus à l'ordre du jour et qu'on ne décrète pas la niaiserie et la peur. »

Il serait difficile de caractériser plus rigoureusement l'opportunisme et de prévenir plus catégoriquement les masses du change que veulent lui faire accepter les Morny-Gambetta en feignant des haines mortelles contre le cléricalisme. Le radicalisme et l'opportunisme sont chargés de préparer les voies ; on leur demande la liberté d'expansion pour la doctrine et des mesures préparatoires de désorganisation. A ce prix, on leur vote tous les honneurs, on les laisse se truffer, se chamarrer, se pavaner tant qu'il leur plaira. La doctrine fera son chemin; les obstacles seront minés, et le jour des élections ou de la révolution sociale arrivera. Il n'y aura pas plus de quartier alors pour les opportunistes ou radicaux que pour les autres; du jour où leur pasquinade politique ne sera plus utile aux socialistes, ils seront confondus dans la masse contre laquelle doit s'opérer la liquidation sociale.

XII

CONCLUSION

Le socialisme est donc un danger réel, danger imminent; il fausse les idées, corrompt les mœurs, mine dans leur fondement les grandes institutions sociales, avilit l'autorité, fomente l'esprit révolutionnaire, élève les ambitieux, soutient les démagogues, qui s'inquiètent peu qu'un pays soit grand et prospère pourvu qu'ils jouissent eux de l'autorité, du pouvoir, des plaisirs, des honneurs. Ces démagogues opportunistes ou radicaux ne disent-ils pas intérieurement comme la Dubarry : « Après nous le déluge. » Et ne seront-ils pas satisfaits s'ils peuvent dire comme Danton montant à l'échafaud : « J'ai bien joui de la vie et de la révolution; j'ai bien dépensé, bien riboté; je me suis amusé avec les femmes. Allons dormir! » Voilà les hommes que le socialisme élève au pinacle; il les charge de tenir les places, de remplir les vieilles cases sociales, pendant qu'il profite de leur bassesse, de leur ignorance, de leur présomption, de leur amour effréné des jouissances, pour corrompre les esprits, désorganiser les forces sociales, saper par leur base les principes traditionnels, destruction savante, qui doit aboutir à la liquidation sociale.

Ce travail infernal, nous avons vu par quelle coalition il est exécuté. Des comités fonctionnent, des congrès se réunissent, des feuilles périodiques propagent la doctrine, des bibliothèques populaires socialistes pervertissent les idées morales, une vaste association par corps de métiers groupe sous le nom de syndicats les ouvriers; un mot d'ordre, et ces syndicats seront subitement transformés en armée socialiste; on ne se cache déjà plus pour appeler les chambres syndicales des *groupes corporatifs ou socialistes* [1].

Nous vivons sur un volcan qui peut d'un jour à l'autre éclater. Les chefs font patienter leur troupe, dans l'espoir d'arriver par les élections à la constitution d'une Chambre dont la majorité socialiste surprendra tout à coup la France par son programme révolutionnaire; mais, si les urnes trompent l'attente des socialistes, qui peut répondre qu'un mot terrible ne parte de New-York? La commune ne reparaîtra-t-elle pas tout à coup dans

1. Appel des organisateurs du congrès socialiste de Marseille.

toutes les villes de France, organisant par la force, la violence, le feu, le meurtre, une liquidation depuis longtemps attendue?

Une feuille socialiste le faisait entendre à demi-mot il n'y a pas longtemps [1]. Nous sommes donc, comme il y a un siècle, à la veille d'un cataclysme, si nous ne savons prévoir et prévenir. Les réformes de Turgot eussent sans doute empêché la Révolution; n'attendons pas, comme l'aristocratie du XVIIIe siècle, que nous soyons entraînés par les événements pour songer à porter remède à la situation.

1. *Le Français* du 8 juin 1879 cite, d'après le *National*, l'article suivant de la Haute-Garonne :

« Les doctrinaires du juste-milieu, qui se sont fait les doctrinaires de la République parce que la seringue n'allait plus, nous ont répété et nous répètent à satiété que les pavés et les fusils ne comptent plus dans un pays où le suffrage universel règne et gouverne; ils nous ont chanté sur tous les tons que le bulletin de vote est une arme bien autrement sûre et puissante que la barricade; que le bulletin de vote supprime les révolutions...

« Et maintenant ils foulent aux pieds ces petits morceaux de papier qu'ils faisaient dieux, ils y crachent dessus (*sic*); ils disent : « Ces bulletins, nous ne les connaissons pas! Ils « n'avaient pas le droit de sortir des urnes électorales. »

« Mais, alors, il faut en revenir aux vieux serments révolutionnaires.

« Il est certain que, si le bulletin de vote devient une arme inutile. . . . .
. . . . »

« Le rédacteur du *Réveil de la Haute-Garonne* n'a pas osé écrire le reste, ajoute le *National;* mais sa pensée est assez claire. Il donne à entendre que l'insurrection pourrait bien, à un moment donné, remplacer le bulletin de vote. »

Il y a un siècle, c'étaient les privilèges de l'aristocratie, l'autonomie et l'indépendance du pouvoir royal, personnification de l'État, qui se trouvaient menacés; aujourd'hui, ce sont les privilèges de la fortune et l'existence même de l'État qui se trouvent attaqués. Propriétaires, capitalistes, agriculteurs, chefs d'industrie, bourgeois, tout ce qui possède est menacé dans ses biens.

Il faut prévenir le mal; mais comment?

Le socialisme, nous l'avons dit, a une cause morale et une cause matérielle.

Le remède moral, les sectaires prennent eux-mêmes le soin de nous le faire connaître. « *Socialisme ou catholicisme, la question ainsi posée est bien posée*[1]. » Voilà le dilemme; le jour où les hommes croiront à une vie future, le jour où, au lieu de chercher le bonheur sur cette terre, ils s'appliqueront à le mériter dans une vie immortelle, le jour où ils seront pénétrés de cette vérité que la misère, conséquence du péché dans l'humanité, est le résultat fatal de la déchéance, le socialisme aura perdu ses racines; il sera relégué parmi les utopies, et personne ne songera à faire de ses doctrines un programme révolutionnaire. Les ambitieux seront jugés, les Morny-Gambetta auront perdu tout prestige, l'autorité sera respectée, la hiérarchie sociale sera consolidée, la paix régnera dans les cœurs, et

1. *Révolution française*, 17 janvier.

les révolutionnaires que chaque époque voit surgir s'agiteront sans trouver d'échos.

Mais ce n'est pas assez : il faut à la cause matérielle du socialisme un remède matériel, on n'aura pas le droit de regarder avec indifférence la misère, parce qu'elle sera supportée chrétiennement. La Révolution française a détruit une organisation qui, pour diverses causes, ne répondait plus aux besoins du temps; elle a proclamé des principes de droit public nouveaux : liberté de conscience, égalité devant la loi, liberté politique; mais elle a échoué dans ses tentatives d'organisation; le despotisme césarien du premier Empire a seul reconstitué ; mais il l'a fait sur des bases opposées aux principes de droit public proclamés en 89.

Depuis trois quarts de siècle, nous nous débattons entre ces principes et cette organisation. L'État est tout en France; les institutions indépendantes de l'État qui, chez d'autres peuples et au moyen âge, limitaient et contrebalançaient le pouvoir de l'État, tout en imposant de sages réserves à la liberté individuelle, les parlements, les universités, l'Eglise, les provinces, les municipes, les corporations, les privilégiés, ont disparu ; ce sont ces institutions qui, en d'autres temps, rapprochaient les classes, soulageaient la misère, empêchaient le conflit du pauvre et du riche, du travail et du capital, du peuple et du gouvernement.

Il ne s'agit pas de ressusciter les institutions d'un passé qui n'est plus; chaque temps a ses besoins, ses mœurs, ses idées; mais ce qu'il nous faut à l'heure actuelle, ce sont des institutions qui limitent l'immixtion de l'État en toute chose, qui rapprochent les travailleurs des patrons, qui relèvent dans l'ouvrier la personne morale, qui rendent facile et influente la vie de famille dans les classes laborieuses.

L'autonomie des universités comme en Allemagne et en Angleterre, le recrutement de la magistrature par elle-même ou par un corps électoral éclairé et compétent[1], la reconnaissance légale des droits méconnus de l'Église, une organisation administrative qui, en donnant à la province une vie politique, diminuerait l'ingérence constante en toute chose du pouvoir central, seraient peut-être des réformes utiles, en ce qu'elles ôteraient à l'État ce pouvoir absolu qui facilite les révolutions. Les premiers venus qui s'emparent audacieusement du pouvoir ne pourraient plus faire tout fléchir sous leur despotisme autoritaire ; l'État aurait pour auxiliaires des institutions libres, autonomes, indépendantes, dont le jeu ferait parfois contrepoids aux entraînements de quelques volontés.

1. Recrutement du personnel des tribunaux inférieurs par les tribunaux supérieurs, par exemple.

A côté des institutions politiques et nationales qu'il faudrait rétablir, il y a les institutions économiques.

Que les patrons commencent par se persuader qu'ils ont des devoirs envers leurs ouvriers, et les institutions de patronage, de protection qui seules peuvent rendre supportable la situation du travailleur, trouveront bien vite la forme d'expansion qui convient à notre époque. Cette forme, je ne prétends point l'indiquer. Je ne la crois pas trouvée à l'heure qu'il est. La question ouvrière a été très étudiée ; bien des tentatives ont été faites ; mais nous en sommes à la période d'essai, d'analyse. Si les patrons, pénétrés de la nécessité d'exercer le patronage moral envers leurs ouvriers, se mettaient tous à étudier cette question, sans aucun doute on arriverait avant peu à la solution définitive et véritable.

Quelle que soit la difficulté de ces questions, elles se posent et même s'imposent. Un grand danger nous menace : la société est en péril ; c'est à l'heure actuelle un devoir pour chaque homme de cœur de chercher le remède.

L'avenir de la France est encore entre nos mains ; il faut lutter corps à corps contre le socialisme, car il tuera la France si la France ne le tue pas.

Nous triompherons en combattant le mal dans ses fondements, par des réformes économiques et politiques et par l'expansion de la foi chrétienne [1].

1. Voir :

Sur la décentralisation : Leroy Baulieu, *De l'administration locale en France et en Angleterre* (*Revue des Deux-Mondes*, 1873, 1860 :)

Sur l'état des ouvriers : Villermé, *Tableau de l'état physique et moral des ouvriers;* Leroy Baulieu, *La question ouvrière au* XIXe *siècle;* Karl Max, *Le capital.*

Sur les réformes à faire dans l'organisation du travail : Le Play, *Le travail* (la *Réforme sociale*); Harmel, *Manuel de la corporation chrétienne;* Marquigny, *Études religieuses*, oct. 1874, mars 1875, février 1876; Perin, *La richesse chez les nations chrétiennes;* Valleroux, *Le mouvement coopératif;* Ribot, *Influence sociale des idées chrétiennes; Association catholique*, 1876-77; Heinrich, *La France, l'étranger et les partis;* Perin, *Les lois des sociétés chrétiennes;* Moreau Christophe, *Problème de la misère et sa solution.*

DOCUMENTS ANNEXES

I

EXCITATION A LA HAINE CONTRE LA CLASSE BOURGEOISE

(Extrait du journal socialiste *le Prolétaire*, 15 mars 1879).

O homme du peuple, ignorant et crédule ! toi qui travailles, qui souffres, qui vois ton corps se courber avant l'âge sous le poids du labeur, qui passes, la tristesse au front, au milieu des éclats de rire des riches, qui te romps les membres pour te donner, à toi, pour donner à ta femme et à tes enfants le pain de chaque jour, tandis que d'autres, à côté de toi, passent la vie en festins, au sein de l'oisiveté, comment peux-tu toujours, et malgré les leçons du passé, donner ta confiance à ces mendiants politiques, tes plats valets le jour des élections, tes maîtres arrogants le lendemain ?

Mais cherche donc un point de contact entre eux et toi.

Le travail a gonflé les veines de tes mains et les a couvertes de callosités.

Ta face est hâlée par le soleil ou jaunie par les longues heures que tu passes dans les mines, à l'atelier, loin de tout air respirable.

On lit dans ton triste regard, dans tes sourcils, qui se

penchent sur tes yeux ternis, la fatigue longtemps supportée, la lutte désespérée contre la faim et la misère.

La vie est pour toi un continuel labeur et un continuel sanglot.

Tu as une femme, tu as des enfants.

Ta femme, cette tige frêle et souple, qui est venue chercher appui à ton tronc robuste et noueux, il faut qu'elle use, elle aussi, ses forces pour entretenir votre pauvre foyer ; et, quand tu rentres le soir, ayant besoin de ces effusions qui réchauffent le cœur, de ces tendres épanchements qui font sur le front le plus assombri une éclaircie radieuse, ta compagne, brisée par un pénible labeur, n'a, comme toi, plus de force pour aimer.

Tes enfants, ils ont à peine, chers petits êtres, franchi le seuil de la vie, que l'atelier ou les champs te les prennent et brisent les liens qui vous unissent, alors qu'ils commençaient à peine à se former.

Voilà ce que tu es, toi en qui résident la puissance et le droit.

Et maintenant, regarde ces bourgeois qui te méprisent, te détestent et te craignent au point de passer leur temps à te forger des chaînes.

Ils mènent gaiement la vie, puisant largement, pour satisfaire leurs caprices, à la fortune que leur ont laissée leurs ancêtres ou qu'ils ont conquise à tes dépens.

Leur visage annonce les douces sensations d'un vautour repu.

Un de leurs repas suffirait pour te nourrir, toi et les tiens, pendant quinze jours.

Leurs femmes et leurs enfants n'ont d'autres soins que de sourire à l'existence, que de se presser autour d'eux et d'ajouter à leur bonheur les joies si douces de la famille.

Voyons, qu'as-tu de commun avec ces hommes ?

Se vautrant au soleil de la vie, n'y occupent-ils point leur place et la tienne, et ne comprends-tu pas que, le jour où tu seras las de souffrir et de travailler pour ne trouver au bout de tes fatigues que le désespoir ou la mort, ne sens-tu pas qu'ils se dresseront devant toi dans la hideuse colère de leurs insatiables appétits menacés?

Peuple, c'est avec tristesse que je prononce ce mot, mais la vérité m'y oblige : ces hommes, ce sont tes ennemis. La guerre est entre eux et toi. Poursuis-la pacifiquement, si tu en as le courage ; mais ne compte jamais que sur toi.

II

CONGRÈS OUVRIER DE FRANCE

La Commission d'organisation aux travailleurs et aux sociétés ouvrières de France.

Marseille, 11 février 1870.

Citoyens,

Conformément aux décisions du Congrès de Lyon, représentants des sociétés ouvrières marseillaises, nous nous sommes constitués en commission d'organisation du Congrès ouvrier de Marseille.

La France ouvrière se rappelle encore l'éclat qu'eurent les deux premiers Congrès ouvriers. Le prolétariat français, dans la personne de ses délégués, sut montrer efficacement à tous ceux qui ont encore quelques doutes sur ses aspirations et leur réalisation, ainsi que sur les capacités respectives de notre classe, qu'il était enfin apte à s'émanciper en dehors de toute direction officieuse et de toute tutelle officielle. Il a suffi de deux sessions consécutives de ces grandes assemblées de travailleurs, pour arriver à ce résultat, et pour formuler la première élaboration de l'idée générale, qui s'empare maintenant de tous les esprits généreux dont l'objectif est la justice et le droit, idée qui peut se résumer par ces mots : *Emancipation des travailleurs par les travailleurs eux-mêmes.*

Les travailleurs marseillais, à qui la tâche de l'organisation du troisième congrès ouvrier national est dévolue, ne veulent pas faillir au mandat que leur ont donné les délégués du congrès ouvrier de Lyon. Eux aussi, comme ceux de Paris et de Lyon, sont décidés à aider à l'avènement du prolétariat aux affaires sociales et économiques ; eux aussi veulent, comme eux, par la discussion, la science et la diffusion de toutes les idées pratiques, revendiquer l'incontestable droit au bien-être dans notre société, si marâtre envers les véritables producteurs, c'est-à-dire les prolétaires !

Mais le troisième congrès devant être, comme ses devanciers, l'œuvre de tous, la commission d'organisation que les sociétés marseillaises ont formée fait appel aux prolétaires et aux membres des associations ouvrières de France, sur le concours desquels elle est en droit de compter. Il est de toute nécessité que, de ces assises prochaines, se dégage une forte pensée collective qui soit la véritable expression de nos tendances et de nos besoins, et que le prolétariat en entier puisse embrasser comme un programme rénovateur dont les bases reposeraient sur le progrès scientifiquement et expérimentalement démontré.

Depuis que nous avons conquis définitivement la République, seule forme de gouvernement où pacifiquement et évolutivement ce progrès puisse s'accomplir, disons-le tout haut : quelles réformes a-t-on faites ? Quels abus a-t-on détruits ? Quelles injustices a-t-on réparées ? Qu'avons-nous obtenu, nous prolétaires, du gouvernement de notre choix, pour lequel nous avons tout donné et tout sacrifié ?

Rien encore.

N'est-il pas temps cependant que, après avoir mis en déroute les partis déchus, nous constituions le nôtre ; que nous établissions ce que nous sommes en droit d'attendre ; qu'enfin le quatrième Etat s'affirme pour lutter contre les inégalités présentes, comme le Tiers-Etat put combattre les prérogatives des deux ordres de jadis, la noblesse et le clergé ?

Nous ne prétendons pas, comme la bourgeoisie de 89, *de rien être tout* ; mais ce que nous voulons, c'est le droit, la justice et l'égalité pour tous. *Nous voulons démontrer que la société est injuste envers le plus grand nombre* ; que ce que nous demandons est équitable, que les moyens que nous proposons pour améliorer notre sort sont sensés, pratiques et pacifiques.

Si nous étudions les temps actuels, voici ce qui se passe à nos yeux. Une reconstitution des hiérarchies anciennes se dresse de jour en jour à l'encontre des principes du Droit, de la Justice, de la Révolution. La bourgeoisie, s'élevant du peuple et se séparant indéfiniment de lui, grâce à des lois économiques arbitrairement appliquées, détient les matières premières, les instruments de travail, les utilités productives, le sol et les capitaux, dont nous, prolétaires, sommes spoliés régulièrement. Appuyée sur un militarisme effroyable, sur un agiotage insensé, sur une féodalité financière écrasante, sur un système immoral qu'une science fausse, l'économie politique, prétend légitimer, elle rend de plus en plus impossible cette précieuse indépendance des hommes, l'autonomie de la personne, et elle empêchera indéfiniment l'émancipation de la masse, si nous ne relevons pas, si nous ne faisons pas nous-mêmes nos propres affaires, si nous ne cherchons pas à connaître nos maux et à les guérir par la discussion, la *saine pratique des théories sociales*, et surtout par la revendication clairement raisonnée de nos droits.

Pour que cet état de choses cesse, c'est à vous que nous nous adressons ! La République étant fondée, vous devez étendre les conséquences de ses principes. Nous croyons que, sortie enfin de sa première évolution, qui a été si laborieuse, elle doit être, par vous seuls, l'expression même du progrès. *Nous croyons que l'heure a sonné des réformes sociales et économiques, et qu'il est temps de pénétrer dans la société pour reconstituer l'édifice sur des bases rationnelles et équitables.* Cette tâche incombe à vous seuls, prolétaires, qui souffrez du désordre actuel et qui tendez vos mains dans tous les chemins, pour ne recueillir que le dédain et l'insolence des satisfaits, dont vous avez fait la position vous-mêmes.

N'oublions pas que notre isolement et le désintéressement des questions qui nous concernent font notre faiblesse et sont toujours la cause de l'ajournement de nos légitimes revendications : *le sommeil des hommes sur leurs droits les amène à l'esclavage.*

Après la dissolution du congrès international-socialiste de Paris, il est bon, par nos délibérations raisonnées, de donner aux hostiles, aux indifférents comme aux sceptiques, une de ces leçons sévères, dont se souviennent longtemps les peuples et leurs chefs. Le moment est solennel ! En face du militarisme régnant, de la centralisation gouvernementale, et surtout en face des exactions que supporte journellement le prolétariat des deux mondes, prouvons aux privilégiés de tout camp et de tout bord que, étant le nombre et la force, nous sommes aussi la science, l'instruction, la capacité et l'aptitude.

Pénétrés de ces idées, sachant aussi que le troisième congrès ouvrier de France, ainsi que nous l'avons dit, doit être l'œuvre de tous, nous n'avons cependant pas voulu dresser un programme, même provisoire. Nous demandons votre avis sur les questions qui doivent y être traitées, pour que, après avoir rassemblé un nombre suffisant de questions, nous arrêtions avant le 1er avril, date que nous vous fixons, en nous conformant à la majorité des avis émis, le programme qui vous sera soumis en deuxième lieu, afin d'être amendé et corrigé définitivement.

Ainsi donc, citoyens, à l'œuvre ! Que de toutes parts un mouvement d'ensemble s'opère pour la session du congrès ouvrier de Marseille, que les chambres syndicales, que les associations ouvrières, que tous les groupes économiques se mettent sans retard en rapport avec nous. Il y va du succès de nos prochaines assises du travail.

Nous espérons que le prolétariat français répondra à notre appel, et nous comptons sur l'adhésion et sur l'appui de toutes les associations ouvrières de France pour nous aider dans cette tâche, ainsi que pour subvenir aux frais qui nous incomberont. Il faut que le troisième congrès ouvrier national ait un éclatant retentissement et fasse époque dans les annales du quatrième Etat.

Les fonds doivent être envoyés au citoyen Paul Durand, trésorier, rue du Petit-Saint-Jean, nº 1, A, au 1er, à la chambre syndicale des ouvriers boulangers.

III

PROGRAMME DES SOCIALISTES ALLEMANDS, D'APRÈS B. MALON

1° Le travail est la source de toute richesse et de toute *culture*, et, vu que le travail d'une utilité générale n'est possible que par la société (ce mot pris dans le sens de la collectivité de tous les individus d'un Etat ou d'une nation), le produit du travail tout entier appartient à la société, c'est-à-dire à tous ses membres, sous la condition qu'à chacun incombe le devoir du travail, de même que chacun a droit à ce dont il a raisonnablement besoin.

Dans la société actuelle, les instruments de travail (Arbeitsmittel, moyen mis à la disposition de la personne pour pouvoir travailler) sont le monopole de la classe des capitalistes, et c'est de là que dérive la dépendance de la classe ouvrière, dépendance qui est la cause de la misère et de l'esclavage sous toutes les formes.

L'émancipation du travail doit être l'œuvre de la classe ouvrière, vis-à-vis de laquelle toutes les autres classes ne sont que des masses réactionnaires.

2° Partant de ces principes, le parti ouvrier socialiste d'Allemagne aspire à constituer, par tous les moyens légaux, l'Etat libre et la société socialiste, à supprimer la loi d'airain du salariat, à faire cesser l'exploitation sous toutes ses formes, à faire disparaître toute inégalité sociale et politique.

Le parti ouvrier socialiste de l'Allemagne, quoique agissant d'abord dans le cadre national, a pleinement conscience du caractère international du mouvement ouvrier, et il est résolu de remplir tous les devoirs qu'impose aux travailleurs la nécessité de transformer en une réalité pratique la fraternité de toutes les personnes humaines (Menschen).

Pour préparer la solution de la question sociale, le parti ouvrier socialiste d'Allemagne demande l'institution, avec l'aide de l'Etat, de sociétés coopératives de production socialiste, sous le contrôle du peuple travailleur. Les sociétés coopératives de production à créer, tant dans l'industrie que dans l'agriculture, doivent l'être avec une telle étendue que de leur création ressorte l'organisation socialiste de tout le travail.

Le parti ouvrier socialiste de l'Allemagne demande que l'Etat soit constitué sur les bases suivantes :

1° Suffrage universel avec vote obligatoire et secret de tous les individus à partir de l'âge de vingt ans, dans toutes les élections, soit de l'Etat, soit de la commune : on ne peut voter qu'un dimanche ou un jour de fête.

2° Législation directe par le peuple (le Referendum et l'initiative des Suisses). Décision par le peuple des questions de guerre et de paix.

3° Le maniement des armes et l'exercice militaire obligatoires pour tous. Des milices à la place des armées permanentes.

4° Suppression de toutes les lois d'exception, notamment de celles qui affectent la presse, le droit d'association et de réunion, et en général de toutes les lois qui entravent et restreignent la libre manifestation de l'opinion, la libre pensée et la libre recherche.

5° Juridiction au peuple. Administration de la justice gratuite.

6° Education du peuple universelle et égale pour tous et pour toutes donnée par l'Etat. Fréquentation universelle et obligatoire de l'école. La religion est déclarée une affaire privée.

Le parti ouvrier socialiste de l'Allemagne demande, comme réalisation immédiate et possible au sein de la société actuelle :

1° L'extension aussi grande que possible des droits politiques et des libertés dans le sens des demandes ci-dessus formulées.

2° Un impôt unique, savoir : l'impôt progressif sur le revenu à la place de tous les impôts existants, surtout des impôts indirects qui pèsent sur le peuple.

3° Le droit de coalition illimité.

4° Une journée de travail normale (Normalarbeistag) correspondant aux besoins de la société. Interdiction du travail le dimanche.

5° Défense de faire travailler l'enfant; interdiction de tout travail féminin nuisible à la santé et à la moralité.

6° Lois de protection pour la vie et la santé des travailleurs. Contrôle de la salubrité des habitations ouvrières et surveillance des mines, des fabriques, des ateliers et des maisons par des surveillants élus par les travailleurs.

7° Régularisation du travail des prisons.

8° Droit illimité pour les caisses de secours ouvrières de s'administrer elles-mêmes.

IV

L'ENCYCLIQUE

(Réponse de la *Révolution française* à l'Encyclique sur le socialisme).

A Monsieur Léon XIII, pape de son état, en son palais du Vatican, à Rome.

Monsieur,

C'est un socialiste qui vous écrit, un de ces « hommes pervers » contre lesquels est dirigée ce qu'en style barbare vous appelez votre lettre « encyclique », et qui, loin de se plaindre des dénonciations dont vous poursuivez ses « complices » auprès de l'Europe gouvernementale, éprouve le besoin, tant au nom de ces derniers qu'au sien propre, de vous féliciter de votre dernière épître.

Comment, après l'avoir lue, ne pas rendre tout d'abord hommage à votre sagacité, à la conscience profonde que vous avez de votre époque, du temps et du milieu dans lesquels vous vivez ? En allant, dans la foule des « pestes » qui sévissent aujourd'hui sur un monde qui vous a autrefois appartenu, droit au socialisme, comme à l'ennemi de votre reste de domination, combien vous vous montrez supérieur à votre prédécesseur Pie IX, qui, lui, s'attardait à frapper une morte, la franc-maçonnerie, ou un mot vide de sens, le libéralisme ! Combien également, en signalant les progrès de géant de cette « peste mortelle », vous voyez plus clair et plus loin que tous nos grands et petits bourgeois qui vont, répétant la parole d'un Thiers et d'un de Marcère, que « le socialisme est mort », tué par « la liberté » ou — ce qui n'est pas précisément la liberté — par les fusils sommaires de juin 48 et les mitrailleuses non moins sommaires de mai 71 !

Avoir compris que le christianisme, qui a survécu aux découvertes de la science et au développement de l'Etat moderne, amené bon gré mal gré à le traiter en service public et à le subventionner comme tel, *ne peut être tué que par la révolution sociale, par l'intronisation d'un ordre de choses dans lequel le bien-être, assuré également à chacun, dès son vivant, rendra inutile le paradis imaginaire d'après la mort*, et que cette révolution est plus prochaine, plus inévitable que jamais, ne constitue pas un mince mérite dans la situation ou l'état qui est le vôtre. Et n'eussiez-vous que mis à sa véritable place, c'est-à-dire au premier rang, cette question sociale qui se dresse comme le sphinx antique devant la seconde moitié du dix-neuvième siècle, que votre encyclique vous ferait le plus grand honneur.

Mais vous avez fait mieux. Vous avez, monsieur, contrairement à ce à quoi on nous avait habitués jusqu'ici, exposé, défini le socialisme, au lieu de le calomnier. Alors que des républicains s'attachaient à représenter les socialistes comme des ambitieux, sans idées et sans programme, comme des pêcheurs en eau trouble, vous nous avez dépeints comme *prêchant la parfaite égalité de tous les hommes pour ce qui regarde leurs droits et leurs devoirs*. L'égalité des droits et des devoirs, tel est en effet le but que nous poursuivons ; nous ne poursuivons que cela ; et, désaccoutumés comme nous le sommes de toute justice à notre égard, ce serait reculer les bornes de l'ingratitude que ne pas vous remercier de nous l'avoir rendue aussi complète et aussi éclatante.

Ce n'est pas tout. Vous mettant pour ainsi dire à notre place, et répondant pour nous, avec plus d'autorité que nous, à ceux qui nous accusent de n'être que des plagiaires du christianisme des premiers siècles, d'avoir « les mêmes doctrines, les mêmes théories et les mêmes principes », *vous avez eu soin de bien établir que l'égalité que nous voulons, matérielle et immédiate, n'a rien de commun avec celle de l'Evangile, platonique et extra-terrestre.*

Certes, il n'est pas un seul esprit sérieux et de bonne foi qui puisse confondre l'ancienne communauté des biens de certaines sectes chrétiennes, fondée sur le mépris, sur le détachement de ces biens, avec ce qu'on appelle le « communisme » ou le « collectivisme » d'aujourd'hui, exclusivement préoccupés d'assurer à chacun la jouissance intégrale du fruit de son travail portée à son plus haut degré de productivité ; l'*union monogamique chrétienne*, « tolérée parce qu'il vaut mieux épouser que brûler » et transformée en viol constant et réciproque par la déclaration de Paul, que « le corps de la femme n'est pas à elle, mais à son mari », et *vice versa*, avec les *rapports sexuels que nous voulons absolument libres, parce qu'en dehors* de la liberté la plus entière, de l'accord combiné des deux volontés, il n'y a que prostitution et bestialité ; « la soumission aux jouissances de ce monde » imposée par le christianisme, tant à l'esclave qu'au sujet, avec le droit et le devoir pour chacun de n'obéir qu'à lui-même, ce qu'en d'autres termes on appelle l'autonomie de la personne humaine.

Mais vous n'en avez pas moins fait œuvre d'honnête homme en dénonçant une confusion aussi calomniatrice qui ne pouvait que vous profiter, et en opposant votre famille et votre société hiérarchisées, basées l'une sur le droit du mari et du père, sur la femme et sur l'enfant, l'autre sur le droit divin des gouvernants sur les gouvernés, à notre société et à notre famille essentiellement égalitaires, reposant sur l'*égalité des sexes* et l'*équivaleur des fonctions*.

Mais où vous vous êtes surpassé, où vous vous êtes révélé aussi profond philosophe qu'historien respectueux de la vérité, c'est lorsqu'à la différence de certains libéraux, qui ne veulent voir dans les revendications économiques des classes ouvrières qu'un accident ou une maladie, vous les représentez, vous, comme la suite naturelle, comme l'effet logique et nécessaire de l'évolution sociale ou humaine des quatre derniers siècles.

Ici, monsieur, je le répète, au risque de blesser votre humilité de « serviteur des serviteurs », comme vous vous intitulez, vous êtes admirable, et je ne puis résister au plaisir de vous citer :

« Vous savez très bien, vénérables frères, que la guerre cruelle qui, depuis le seizième siècle, a été déclarée contre la foi catholique par ces novateurs, visait à ce but d'écarter toute révélation et de renverser tout l'ordre surnaturel, afin que l'accès fût ouvert aux inventions ou plutôt aux délires de la seule raison.

« Tirant hypocritement son nom de la raison, cette erreur qui flatte et excite la soif de grandir, naturelle au cœur de l'homme, et qui lâche les rênes à tous les genres de passions, a spontanément étendu ses ravages non pas seulement dans les esprits d'un grand nombre d'hommes, mais dans la société civile elle-même. Alors, par une impiété toute nouvelle et que les païens eux-mêmes n'ont pas connue, on a vu se constituer des gouvernements, sans qu'on tînt nul compte de Dieu et de l'ordre établi par lui ; on a proclamé que l'autorité publique ne prenait pas de Dieu le principe, la majesté, la force de commander, mais de la multitude du peuple, laquelle, se croyant dégagée de toute sanction divine, n'a plus souffert d'être soumise à d'autres lois que celles qu'elle aurait portées elle-même, conformément à son caprice.

« Puis, après qu'on eut combattu et rejeté comme contraires à la raison les vérités surnaturelles de la foi, l'auteur même de la rédemption du genre humain est contraint par degrés, et peu à peu, de s'exiler des études dans les universités, les lycées et les collèges, ainsi que de toutes les habitudes publiques de la vie humaine. Enfin, après avoir livré à l'oubli les récompenses et les peines de l'éternelle vie future, le désir ardent du bonheur a été renfermé dans l'espace du temps présent. Avec la diffusion au loin et au large de ces doctrines, avec la grande licence de penser et d'agir qui a été ainsi enfantée de toutes parts, faut-il s'étonner que les hommes de condition inférieure, ceux qui habitent une pauvre demeure ou un pauvre atelier soient envieux de s'élever jusqu'aux palais et à la fortune de ceux qui sont plus riches? »

N'était la forme par trop ecclésiastique qui vous était d'ailleurs imposée par des considérations professionnelles, on ne pouvait mieux dire.

Oui, du moment où la foi a fait place au libre examen, à la raison, et où l'écroulement de la Révolution, sous les coups de cette dernière, a substitué au droit divin des gouvernants le droit humain des gouvernés ; *du moment, en un mot, où, Dieu disparu, supprimé des sociétés humaines, il n'est plus resté que des hommes en présence les uns des autres, libres d'établir entre eux et les choses tels rapports qu'ils jugeraient* le plus avantageux, il devait arriver — comme il est arrivé — que, forts de leur droit d'hommes, les membres « moins nobles du corps social », ainsi que vous appelez les producteurs de toute richesse, réclameraient et prendraient au besoin leur part de soleil et leur part de la vie.

Le monde moderne est placé entre l'achèvement de la Révolution française et un retour pur et simple au christianisme du moyen âge. Pour « arranger — selon votre expression — l'antique conflit entre les pauvres et les riches », il n'y a pas trois moyens :

Ou la pauvreté, le paupérisme disparaîtra par l'égalité des moyens de développement, d'action et de production assurée socialement à chacun et à tous ; *ou, pour avoir, pour restaurer « la tranquillité dans la vie publique et privée », il faudra repeupler le ciel, recréer Dieu, et — ce qui est plus difficile — la foi en ce Dieu personnel et législateur, laquelle peut seule réconcilier les pauvres avec leur sort « dans l'espérance des récompenses éternelles ».*

Socialisme ou catholicisme, la question ainsi posée par vous est très bien posée. Mais, je n'en veux d'autres preuves que le dédain avec lequel le libéralisme des classes dirigeantes répond à votre cri d'alarme, elle est résolue d'avance en notre faveur.

J'ai fini. Mais, avant de clore cette lettre, je constate que vous avez écrit : « Si les ordonnances des législateurs et des princes sanctionnent ou commandent quelque chose de contraire à la loi divine ou naturelle, la dignité du nom de chrétien, le devoir et le précepte apostolique proclament qu'il faut obéir à Dieu plutôt qu'aux hommes ; » et, non plus comme socialiste, mais comme révolutionnaire, je dois vous féliciter encore d'avoir affirmé aussi catégoriquement le droit et le devoir de la résistance à une légalité oppressive ; vous l'avez fait au profit d'opinions, de croyances qui ne sont pas les nôtres, qui sont l'opposé, le contraire des nôtres ; mais peu importe. A une époque où l'on ne parle que du respect de la loi ; où les petits-fils de ceux-là mêmes qui proclamaient et pratiquaient « l'insurrection comme le plus saint des devoirs », reniant la déclaration des Droits, sont les premiers à prêcher l'obéissance à toutes les lois, quelles qu'elles puissent être ; où la pire des tyrannies, *pour tout dire, la tyrannie légale tend à se substituer à la tyrannie d'un homme*, il était bon qu'une voix s'élevât — surtout une voix comme la vôtre, qui peut tout dire impunément — pour réagir contre cette nouvelle théorie de la servitude et pour la commander.

Veuillez agréer, etc.

Un socialiste.

Pour copie conforme :

J. G.

V

RÉPUBLIQUE ET RÉVOLUTION

(Extrait du numéro 1er du journal socialiste la *Révolution française*).

La Révolution implique la République. Mais la Révolution est plus large et plus vaste que la République : en dehors de la question de forme gouvernementale, la Révolution implique un ensemble d'institutions politiques et économiques destinées à concorder avec la République et à la compléter.

La République est aujourd'hui légalement fondée. La forme est acquise. Il reste à remanier le fond, à réaliser, dans l'organisation sociale, les doctrines de la Révolution française. C'est cette pensée qui a inspiré la fondation de ce journal.

Ce que les partis réactionnaires redoutent et combattent dans la République, *c'est moins la République elle-même que la Révolution qui est derrière la République*. De la République, ou plutôt d'une république constituée d'une certaine façon, ils pourraient s'accommoder. On a vu des républiques aristocratiques, dont l'imitation n'aurait rien d'effrayant pour les paladins les plus belliqueux de la réaction. Mais ils ont peur de la Révolution, *et ils ont raison de la craindre*, car la Révolution sera la destruction des privilèges sur lesquels était basée leur domination.

On a dit des élections sénatoriales du 5 janvier qu'elles marquaient la fin et l'accomplissement dernier de la Révolution française, par l'accord établi sur le terrain politique entre la bourgeoisie et le peuple des campagnes. Même au point de vue purement politique, cette assertion serait inexacte : *l'accord n'est fait encore que sur un mot*, et rien ne démontre que des divergences ne se produiront pas quand il s'agira de *préciser le sens du mot* et d'en faire passer les conséquences dans les faits. Mais combien la fausseté de cette opinion apparaît plus clairement quand on examine le côté social de la Révolution française !

Non, la Révolution française n'est pas terminée. Sa gloire réside précisément en cela, qu'on peut dire qu'elle ne le sera jamais. L'immense effort de l'humanité vers la justice, auquel l'histoire donne le nom de Révolution française, a placé si haut l'idéal qu'il a légué aux générations futures, que c'est à peine si les hommes de l'époque présente osent entrevoir comme possible dans un lointain avenir la complète réalisation de cet idéal.

Non, la Révolution française n'est pas terminée et ses ennemis le sentent si bien, qu'ils ne cessent de la combattre et d'organiser ce qu'ils appellent justement la contre-Révolution Les plus fougueux d'entre eux n'espèrent pas cependant reconstituer l'ancien régime et la féodalité : ce que 89 a fait, nul ne prétend avoir la force de le défaire. Ils prendraient leur parti des choses accomplies. Ce qu'ils redoutent et ce dont ils ont horreur, *c'est ce qui reste à accomplir : c'est la rénovation sociale.*

La Révolution française a voulu l'affranchissement intellectuel et économique de tout individu humain. Cet affranchissement est-il réalisé? *L'ignorance et la misère ont-elles disparu?* Tout homme a-t-il dès aujourd'hui la plénitude de son droit, et la plénitude de l'exercice de son droit d'homme?

Non, hélas! l'idéal n'est pas réalisé. Non, tout homme n'a pas conquis son autonomie; j'entends par là l'indépendance de son esprit, de son travail, de sa personne elle-même. Tant que cela ne sera pas, la Révolution française devra être continuée.

Est-ce à dire pour cela que nous rêvions ou que nous préparions la révolution sociale, la transformation brusque par un coup de force? Nous rejetons loin de nous cette pensée : les révolutions sociales ne sont jamais ni voulues ni préparées à l'avance par personne; elles sont quelquefois rendues nécessaires par les résistances de ceux-là mêmes qui les redoutent le plus; mais elles ne sont jamais le résultat du complot de quelques-uns. Nous avons, au contraire, la conviction que nous travaillons à les rendre inutiles et impossibles, en préparant, autant qu'il nous est permis de le faire, l'accomplissement progressif et pacifique, mais continu et non interrompu, de la justice dans la société.

La liberté politique et économique pour tous les hommes, tel est le programme qu'on recueille dans l'enseignement de la Révolution française. Telle doit être, selon nous, la conséquence nécessaire de la République. La République, sans cette conséquence, serait pour le peuple une duperie.

Que si l'on nous accuse d'être trop pressés, de ne pas tenir compte des difficultés du moment, nous répondrons en reproduisant les paroles qu'adressait au peuple français, en février 1790, l'Assemblée constituante, dont le modérantisme est à l'abri de toute critique :

« On nous reproche trop de précipitation... c'est en attaquant, en renversant tous les abus à la fois qu'on peut espérer de s'en voir délivrer sans retour. Alors seulement chacun se trouve intéressé à l'établissement de l'ordre. Les réformes lentes et partielles ont fini par ne rien réformer. L'abus que l'on conserve devient l'appui et bientôt le restaurateur de tous ceux qu'on croyait avoir détruits. »

Nous demanderons donc, avec les modérés de 1790, la suppression de tous les abus, au risque de passer, aux yeux des modérés de 1879, pour des ennemis de l'Etat et des destructeurs de la société.

APPENDICE

EXPOSÉ SOMMAIRE DES PROGRAMMES SOCIALISTES

Saint-Simon, nous l'avons vu, partant du principe d'une harmonie universelle jusque-là méconnue, dont la formule est la réconciliation de l'esprit et de la matière, aboutit à la négation de la liberté et à l'organisation d'un Etat despotique, assignant à chacun sa classe suivant ses capacités et rétribuant le travail suivant les œuvres. L'Etat dispose des personnes comme des biens; à sa tête est le prêtre social, à la fois pontife et roi, régent de la banque centrale qui se personnifie dans l'Etat. Au-dessous sont les classes : classe sacerdotale, classe scientifique, classe industrielle, entre lesquelles l'autorité suprême répartit les membres. Des banques locales succursales de la banque centrale distribuent ces instruments de travail suivant les classes, les aptitudes, les capacités, et répartissent les salaires; on leur doit compte de son temps, de ses opérations[1]. L'hérédité est supprimée; le sol, les instruments, propriété de l'Etat,

1. Franck, *Dict.*, art. SOCIALISME. — Malon, Saint-Simon.

sont prêtés [1]. La logique déduisait des principes l'abolition de la famille prêchée par les disciples; du moment que la matière et l'esprit sont mis sur le même pied, la force et la beauté doivent avoir les mêmes principes que l'intelligence et la sagesse; l'âme n'a plus de droits sur le corps, et les passions sont aussi légitimes que les pensées; la réhabilitation de la chair, la sanctification des passions, la femme libre sont les conclusions du système.

Fourier, partant du principe que les passions sont bonnes, qu'elles sont la loi de l'homme comme l'attraction est la loi des corps [2], rêve une organisation sociale où l'homme fera tout par passion, où il travaillera par passion, parce que la savante organisation sociale fera naître la passion du travail. Ce résultat lui paraît assuré par l'organisation de la *phalange*.

La phalange est un bâtiment ou palais social, contenant de 1600 à 2000 personnes, entouré d'un terrain suffisant pour l'industrie et la subsistance de cette population.

Les personnes sont réparties en *espèces*, *genres*, *ordres*, *classes*, et gouvernées par une *régence* centrale qui imprime à l'ensemble le mouvement harmonique et convergent :

Ordres.	Genres.	Ages.
Complément ascendant :	Nourrissons.	0 à 1 an
	Poupons.	1 à 2.
	Lutins.	2 à 3.
	TRIBUS ET CHOEURS.	
Transition ascendante, 1 chœur :	1. Bambins et bambines.	3 à 4 1/2.

1. Franck, *Dict. philosoph.*, art. SOCIALISME.
2. B. Malon.

Aileron ascendant, 2 chœurs :	2. Chérubins et chérubines.	4 1/2 à 6 1/2.
	3. Séraphins et séraphines.	6 1/2 à 9.
Aile ascendante, 3 chœurs :	4. Lycéens et lycéennes.	7 à 12.
	5. Gymnasiens et gymnasiennes.	12 à 15 1/2.
	6. Jouvenceaux et jouvencelles.	15 1/2 à 20.
Centre, 4 chœurs :	7. Adolescents et adolescentes.	
	8. Formés et formées.	
	Régence.	
	9. Athlètes et athlètes.	
	10. Virils et viriles.	
Aile descendante, 3 chœurs :	11. Raffinés et raffinées.	
	12. Tempérés et tempérées.	
	13. Prudents et prudentes.	
Aileron descendant, 2 chœurs :	14. Révérends et révérendes.	
	15. Vénérables et vénérables.	
Transition descendante, 1 chœur :	16. Patriarches et patriarches.	
Complément descendant :	Malades.	
	Infirmes.	
	Absents.	

Chaque tribu, chaque chœur a son costume varié, ses drapeaux, ses enseignes, ses gonfalons.

La phalange, ainsi organisée, possède comme corps social toute la propriété, tous les meubles, tous les capitaux, tous les instruments de travail. Chaque individu est, suivant ses apports, actionnaire du fonds social. Les produits du travail social sont répartis, les dépenses communes une fois payées : 5/12 au travail, 4/12 aux intérêts du capital, 3/12 au talent. Les travaux sont tarifés suivant leur utilité, leur agrément, leur nécessité. Personne n'est obligé de travailler, le travail est libre, on ne travaille que par passion, mais chacun a droit même sans travail à recevoir de la société un minimum assez considérable pour le faire vivre commodément. Le travail deviendra une passion, parce qu'on travaillera en commun, chacun à ce qui lui plaît et comme il lui plaît, changeant de série quand bon lui semblera. Ainsi les travaux sales seront faits avec bonheur par une petite horde d'enfants sales qu'on encouragera dans leur amour de la saleté, au lieu de les corriger, comme cela se fait sous le régime de la civilisation [1]. Quant aux rapports sexuels, ils seront absolument libres [2]; il y aura dans la phalange [3] les séries des *baxadères*, *bacchantes*, *faquiresses*, des *favorites*, des *génétrices*, des *épouses*, suivant la nature des relations [4].

La théorie de Cabet est le communisme des biens rêvé par Platon et Morus; comme ce dernier, il conserve cependant, en dépit de la liberté et de l'égalité, la famille, que B. Malon déclare incompatible avec les idées d'égalité et de communisme [5].

Après le saint-simonisme, le fouriérisme, le commu-

1. Franck, *Dict. phil.*, art. SOCIALISME.
2. Malon.
3. Ferraz, *Philosophie du* XIXe *siècle*.
4. Fourier, dit M. Ferraz, « avait terminé son livre des quatre mouvements par un avis aux civilisés, où il leur recommandait de ne plus se battre, parce que les édifices comme ceux d'aujourd'hui tomberaient bientôt à vil prix, faute d'être appropriés aux exigences de l'ordre de choses qu'il allait inaugurer; il les engageait à employer de préférence leurs capitaux à acheter des carrières et des bois qui devaient augmenter de valeur, vu la multitude de constructions que nécessiterait l'établissement de l'État sociétaire. Ces paroles naïves prouvent quelle foi il avait en ses idées et de quelle illusion il se berçait en les communiquant au public. »
5. B. Malon, p. 102.

nisme, passons au fusionisme de Tourrel ; ici, il faut citer, dans l'impossibilité où nous sommes de bien comprendre.

« L'homme, par la connaissance de soi-même et de la loi de fusion, sait qu'il doit réaliser successivement en ce monde :

« 1° La destinée particulière ou l'*androgyne individuel* au moyen de l'hyménée individuel ;

« 2° La destinée collective ou l'*androgyne humanitaire* au moyen de l'hyménée collectif ;

« 3° La destinée astrale ou l'*androgyne planétaire* au moyen de l'hyménée astrale. . . . .

« La société sera organisée de manière que chacun puisse jouir librement de la *terre entière* et puisse la parcourir à son gré dans tous les sens, au moins une fois dans sa vie.

« Le globe est divisé en dix zones, chaque zone en dix régions, chaque région en cent cercles ; au centre de chaque cercle est une *polyame* ou cité. Les polyames sont formées d'un certain nombre de palais communautaires..... Il y a six espèces de polyames [1].

« 1° Prédominance du mouvement : polyames destinées aux femmes enceintes, nourrices, enfants ;

« 2° Prédominance de sensation : polyames destinées aux enfants de 2 à 7 ans ;

« 3° Prédominance de sentiment : polyames destinées aux enfants de 7 à 15 ans ;

« 4° Prédominance de sympathie : polyames destinées aux adolescents de 15 à 22 ans ;

« 5° Prédominance d'amour : polyames des adultes de 22 à 50 ans ;

1. Malon, p. 176.

« 6° Prédominance de volonté : polyames destinées à l'âge mûr.... au-dessus, une polyame céleste où MAP a son temps suprême. »

Il faut encore une certaine condescendance pour se contenter d'appeler cela, comme Malon, une *conception cérébrale.*

Après la phalange et la polyame, le *Familistère*. Le Familistère est un palais social où chacun trouve la nourriture, la santé, le logement, l'activité, le vêtement, le repos, la lumière, la propreté, l'espace libre, la salubrité, l'air pur, l'hygiène [1].

1. Malon, p. 226.

FIN

TABLE DES MATIÈRES

DOCUMENTS ANNEXES

10.

MÊME LIBRAIRIE

ŒUVRES DU T. R. P. MONSABRE

CONFÉRENCES DE NOTRE-DAME DE PARIS

EXPOSITION DU DOGME CATHOLIQUE

CARÊME 1873

Existence de Dieu. 1 vol. in-8, 3e édition.................... 4 fr.
Le même ouvrage in-18 jésus, 2e édition....... .... 3 fr.

CARÊME 1874

Être, perfections, vie de Dieu. 1 vol. in-18, 3e édition....... 4 fr.
Le même ouvrage in-18 jésus, 2e édition.................... 3 fr.

CARÊME 1875

Œuvre de Dieu. 1 vol. in-8, 3e édition.................... 4 fr.
Le même ouvrage in-18 jésus, 2e édition.................... 3 fr.

CARÊME 1876

Gouvernement de Dieu. 1 vol. in-8.......................... 4 fr.
Le même ouvrage in-18 jésus, 2e édition.................... 3 fr.

CARÊME 1877

Préparation de l'Incarnation. Un vol. in-8.................. 4 fr.
Le même ouvrage in-18 jésus, 2e édition.................... 3 fr.

CARÊME 1878

Existence et personne de Jésus-Christ. 1 vol. in-8........... 4 fr.
Le même, 2e édition. 1 vol. in-18 jésus.................... 3 fr.

CARÊME 1879

Perfections de Jésus-Christ. 1 vol. in-8..................... 4 fr.
Le même, 2e édition. 1 vol. in-18 jésus... ... . 3 fr.

AVENT 1869

Concile et jubilé. 3e édition. 1 vol. in-8..................... 4 fr.
Le même, 2e édition. 1 vol. in-18 jésus...... .. .. 3 fr.

CARÊME 1872

Radicalisme contre radicalisme. 3e édition, 1 vol. in-8....... 4 fr.
Le même, 2e édition. 1 vol. in-18 jésus..................... 3 fr.

Le R. P. de Ponlevoy, de la Compagnie de Jésus, par le R. P. de Gabriac, de la même Compagnie. 1er vol. Vie du P. de Ponlevoy. — 2e vol. Opuscules et lettres, 2e édition. 2 beaux vol. in-18 jésus de 600 pages. — Prix de chaque vol........................ 4 fr.

Alexis Clerc, marin, jésuite et otage de la Commune, fusillé à la Roquette le 24 mai 1871. Simple biographie, par le R. P. Ch. Daniel, de la Compagnie de Jésus. 2e édition. 1 beau vol. in-18 jésus de 600 pages (elzévir)........................ 4 fr.

Le même, 3e édition. 1 vol. in-8........................ 6 fr.

Le Père Charles Sire, de la Compagnie de Jésus, simple biographie composée d'après ses écrits et le témoignage de ceux qui l'ont vu de plus près. 1 beau vol. in-18 jésus, avec portrait......... 2 fr. 50

Vie du Père Achille Guidée, de la Compagnie de Jésus, par le P. Grandidier, de la même Compagnie. 1 beau vol. in-8 avec portrait. 5 fr.

Vie du R. P. Captier, du tiers ordre de Saint-Dominique, fondateur et premier supérieur de l'Ecole d'Arcueil, massacré le 25 mai 1871. Ouvrage orné du portrait du R. P. Captier, par le R. P. Reynier, du même ordre. 1 beau vol. in-18 jésus (elzévir)................ 3 fr.

Le R. P. Isaac Jogues, de la Compagnie de Jésus, premier apôtre des Iroquois ; sa vie, ses travaux et son martyre, par le P. Martin, de la même Compagnie. 1 beau et fort vol. in-18 jésus, 2e édit. 2 fr. 50

Vie de la Vierge Marie, écrite au XVIe siècle, par le Père abbé dom Silvano Razzi, camaldule, et traduite de l'italien, avec une notice biographique et des notes, par Ernest Razy. 1 beau vol. in-18 jésus, avec portrait de l'auteur........................ 3 fr. 50

Vie de M. P. Fr. Néron, prêtre de la Société des Missions étrangères, décapité pour la foi au Tonkin, le 3 novembre 1860, avec portrait, fac-simile et carte, par l'abbé Chère, chanoine honoraire, directeur au Séminaire de Lons-le-Saulnier. 1 beau vol. in-18 jésus. 2 fr. 50

De la prédication, par Mgr Isoard, auditeur de Rote pour la France, ce qu'elle est, ce qu'elle pourrait être. 1 vol. in-18 jésus, 2e édit. 2 fr.

La vie chrétienne, par le même, 1 vol. in-18 jésus, 2e édit. 1 fr. 50

Rome pendant la captivité, sous le pontificat de Pie IX, par Ernest Delloye. 1 beau vol. in-18 jésus (papier de luxe)......... 3 fr. 50

Les sociétés secrètes et la société, philosophie de l'histoire contemporaine, par le P. Deschamps, de la Compagnie de Jésus, auteur du *Monopole universitaire, destructeur de la religion et des lois.* 3 vol. in-8........................ 12 fr.

La vie domestique, ses modèles et ses règles, d'après des documents originaux, par Charles de Ribbe. 2 vol. in-18 jésus, 2e édit..... 6 fr.

Deux chrétiennes pendant la peste de 1720, d'après les documents originaux, par le même. Joli volume in-18 jésus (elzévir)... 2 fr. 50

Souvenirs de Metz. — L'Ecole Saint-Clément, ses élèves, ses derniers jours, par le R. P. Didierjean, de la Compagnie de Jésus. 2 vol. in-18 jésus (elzévir).. 7 fr.

Du droit et du devoir, par l'abbé Méric, professeur à la Faculté de théologie en Sorbonne. 3e édition. 1 fort vol. in-18 jésus.... 4 fr.

La vie dans l'esprit et dans la matière, par le même. 1 vol. in-18 jésus, 2e édition. ..:.... .... 3 fr. 50

La morale et l'athéisme contemporain, par le même. 1 volume in-18 jésus......... .... 3 fr. 50

Le utopies et les réalités de la question sociale, par Xavier Roux, précédé d'une lettre de M. F. Le Play. 1 beau vol. in-18 jésus. 3 fr.

Lois de l'univers, principe de la création, par L.-G. Perreaux (de l'Orne), ingénieur, chevalier de la Légion d'honneur. La clef des sciences, par une découverte de lois. 2 beaux vol. in-8, ornés d'un magnifique chromo.. 16 fr.

Histoire de la persécution religieuse dans le Jura bernois (1873, 1874, 1875). 2 vol. in-8...................................... 8 fr.

La monarchie chrétienne de saint Louis, entre la Papauté et le Césarisme, par le P. Verdière, de la Compagnie de Jésus. 1 vol. grand in-8. Prix net.. 3 fr.

Les derniers écrits philosophiques de Tyndall, par le P. Joseph Delsaulx, professeur au collège de la Compagnie de Jésus, à Louvain. 1 vol. in-18 jésus...................................... 1 fr. 50

Pratique de l'art oratoire de Delsarte, par l'abbé Delaumosne, curé de Sainte-Marthe. 1 vol. in-18 jésus, avec gravures dans le texte. 2 fr. 50

L'Université et les Jésuites, deux procès en cour de Parlement au XVIe siècle, étude historique, par Ed. Pontal, archiviste-paléographe. 1 volume in-18 jésus .... 75 cent.

BIBLIOTHÈQUE HISTORIQUE ET LITTÉRAIRE

Promenades d'un touriste, voyage en Hollande. — Excursion en Savoie et en Suisse, par Victor Fournel. 1 beau vol. in-18 jésus. 2 fr.

Vacances d'un journaliste. Huit jours dans les Vosges. — De Paris à Madrid. — Simple coup d'œil sur Londres. — A travers l'Allemagne et l'Autriche-Hongrie, par le même. 1 beau vol. in-18 jésus. 2 fr.

Les Alpes, histoire et souvenirs, par Xavier Roux. 1 beau vol. in-18 jésus.. 2 fr.

Scènes villageoises. Jacques-Brunon. — Georges Mauclair, par Eugène Muller. 1 beau volume in-18 jésus avec gravures............ 2 fr.

Les révolutions d'autrefois. Mémoires de don Ramos. — Le siège de Florence, par A. Genevay. 1 beau vol. in-18 jésus, avec grav. 2 fr.

Grandeur et décadence d'une oasis, Marthe Verdier, par Ch. Wallut. 1 beau volume in-18 jésus, avec gravures hors texte......... 2 fr.

Histoire naturelle pittoresque. Mémoires d'une ménagerie. — Frosch et Pécopin, par H. de La Blanchère. 1 beau vol. in-18 jésus, avec nombreuses gravures.................................. 2 fr.

Les fleurs mystérieuses, par Méry. 1 vol. grand in-18 jésus de luxe.. 1 fr. 25

La vie future, par le P. Lescœur, de l'Oratoire. 1 vol. in-18 jésus (elzévir).. 2 fr. 50

L'esprit révolutionnaire, par le même. 1 vol. in-18 jésus.. 2 fr. 50

Aux mères chrétiennes, **Lettres à Cornélie**, par l'abbé Henri Planet. 1 vol. in-18.. 1 fr.

C'est un charmant petit ouvrage, tout à fait nouveau en son genre.

Coulommiers. — Typographie Paul BRODARD.

MÊME LIBRAIRIE :

Les sociétés secrètes et la société, philosophie de l'histoire contemporaine, par le P. Deschamps, de la Compagnie de Jésus, auteur du *Monopole universitaire, destructeur de la religion et des lois.* 3 vol. in-8 .... 12 fr.

La vie domestique, ses modèles et ses règles, d'après des documents originaux, par Charles de Ribbe. 2 vol. in-18 jésus. 2e édit... 6 fr.

Deux chrétiennes pendant la peste de 1720, d'après les documents originaux, par le même. Joli volume in-18 jésus (elzévir).. 2 fr. 50

Souvenirs de Metz. — L'Ecole Saint-Clément, ses élèves, ses derniers jours, par le R. P. Didierjean, de la Compagnie de Jésus. 2 vol. in-18 jésus (elzévir).......... 7 fr.

Du droit et du devoir, par l'abbé Méric, professeur à la Faculté de théologie en Sorbonne. 3e édition. 1 fort vol. in-18 jésus...... 4 fr.

La vie dans l'esprit et dans la matière, par le même. 1 vol. in-18 jésus. 2e édition.......... 3 fr. 50

La morale et l'athéisme contemporain, par le même. 1 volume in-18 jésus .... 3 fr. 50

Les utopies et les réalités de la question sociale, par Xavier Roux, précédé d'une lettre de M. F. Le Play. 1 beau vol. in-18 jésus. 3 fr.

Lois de l'univers, principe de la création, par L.-G. Perreaux (de l'Orne), ingénieur, chevalier de la Légion d'honneur. La clef des sciences, par une découverte de lois. 2 beaux vol. in-8, ornés d'un magnifique chromo.......... 16 fr.

Histoire de la persécution religieuse dans le Jura bernois (1873, 1874, 1875). 2 vol. in-8.......... 8 fr.

Les derniers écrits philosophiques de Tyndall, par le P. Joseph Delsaulx, professeur au collège de la Compagnie de Jésus, à Louvain. 1 vol. in-18 jésus.......... 1 fr. 50

Pratique de l'art oratoire de Belsarte, par l'abbé Delaumosne, curé de Sainte-Marthe. 1 vol. in-18 jésus, avec gravures dans le texte. 2 fr. 50

L'Université et les Jésuites, deux procès en cour de Parlement au XVIe siècle, étude historique, par Ed. Pontal, archiviste-paléographe. 1 volume in-18 jésus.......... 75 cent.

COULOMMIERS. — Typ. PAUL BRODARD.

www.ingramcontent.com/pod-product-compliance
Ingram Content Group UK Ltd.
Pitfield, Milton Keynes, MK11 3LW, UK
UKHW020126200726
13856UKWH00002B/757